未被摧毁的生活

李伟长 著

译林出版社

图书在版编目（CIP）数据

未被摧毁的生活 / 李伟长著．—南京：译林出版社，2021.9（2022.1重印）
ISBN 978-7-5447-8753-6

I.①未… II.①李… III.①书评－中国－现代－选集 IV.①G236

中国版本图书馆 CIP 数据核字（2021）第 114236 号

未被摧毁的生活　李伟长 / 著

责任编辑　魏　玮
装帧设计　一亩幻想
封面插图　Damaged Library（图片来源：Archive PL/Alamy Stock Photo/TPG）
校　　对　王　敏　蒋　燕
责任印制　颜　亮

出版发行　译林出版社
地　　址　南京市湖南路 1 号 A 楼
邮　　箱　yilin@yilin.com
网　　址　www.yilin.com
市场热线　025-86633278
排　　版　南京展望文化发展有限公司
印　　刷　徐州绪权印刷有限公司
开　　本　787 毫米 × 1092 毫米　1/32
印　　张　8
插　　页　4
版　　次　2021 年 9 月第 1 版
印　　次　2022 年 1 月第 3 次印刷
书　　号　ISBN 978-7-5447-8753-6
定　　价　49.00 元

你最寂寞，点亮灯火。

——海子

序

张新颖

李伟长把他出的几本书一律称作阅读随笔集，眼前这一本，也是。这个朴素的叫法，并不像一眼掠过去那么“老实”。

阅读是什么？我不是要下定义，只是想说，阅读是一种渴望，渴望未知的知识、经验、智慧、想象，渴望阅读之前所没有的东西。因而，阅读的渴望是从自觉的匮乏和欠缺中产生的。

写随笔也是一种渴望，尝试着把阅读过程中的感受、想法表达出来。倘若是有效的阅读，体会不应该是固有感知的重复，会有初次遇见的东西。如何捕捉转瞬即逝或者连续冲击的感受和想法？如何把这些感受和想法整理，描述，深化，扩充，延长？说不清、道不明的时候，又该怎么办？写作这一行为是否能够使之成形，乃至促其生长，开出花朵？

阅读随笔可以看作一种渴望接上了另一种渴望，更准确地说，是同一种渴望的不断延展。根本上的“动力机制”和过程中的步步探索，使得这一类型的写作，比表面看起来要紧张得多，苦恼得多，兴奋得多，快乐得多。

伟长一本接一本地写，于此当深有体会，为之吸引，才欲罢不能。也正因为这样，他才写得好，我读得兴致盎然。

怎么个好法？

譬如他讲纳博科夫“危险”的洛丽塔情结，当然从《洛丽塔》讲起，但这本小说如此有名，还能讲出什么来？他讲它的前身，《洛丽塔》出版之前十几年俄文写成而尘封的《魔法师》，将两部作品比照，发现了叙述的意义：纳博科夫经过漫长的时间，为危险的欲望找到了一个合法的叙述者。一篇短文，到此也就够了。但他没有打住，接着又讲翁贝托·埃科放肆地戏仿《洛丽塔》，虚构一个叙述者，杜撰一份来自监狱的手稿，写出一个完全相反的故事《乃莉塔》：一个美少年，爱上了一位老太婆。又翻出一层来，这下结束了吧？不，他还要再翻一层，干脆从书里翻到书外，讲了一个现实中的故事，而这个故事的讲法，像写小说一样，他也找了一个叙述者，一个警察朋友。

有时候他不翻层，而是勾连点线，问迹追踪。钱锺书

《容安馆札记》一百九十二条："余一九三六年夏游巴黎，行箧未携英文小说，偶于旧书肆得*The Diary of a Nobody*，姑购归阅之，叹为奇作，绛亦有同好。一九四〇年此书收入*Everyman's Library*，而V. S. Pritchett复作文张之（见*In My Good Books*，pp.87ff），知者稍多矣。John Betjeman谓T. S. Eliot亦喜此书（*T. S. Eliot: A Symposium*，compiled by R. March & Tambimuttu，p.92）。近日圆女方取读，因复披寻，益惊设想之巧，世间真实情事皆不能出其范围。"这一条信息，伟长利用尽致：不仅用此来读解《小人物日记》这本书，还留心关联的另外三个人、两本书，由此费力寻找、求证、确认，展开了一次美妙的阅读旅程；写下来，也就是纪行了。

还有另一种纪行，事关阅读和写作旅程中自我的成长、反省。伟长讲了一个故事："许多年前，一个自恃颇有才华的青年，因为虚荣和稿费的诱惑，开始学写书评……"这个青年，就是他自己。他写君特·格拉斯的《剥洋葱》，开头如何写，中间如何写，结尾如何写，当年的文章作为引文，赫然在目；如今再看，他看出了漂亮文字背后的空洞、匮乏，他自问这个青年人缺乏什么，"经验，积累，成熟（也可谓之狡猾），还有自知，尤其是对自我局限的自我感知和确认"。能做这样不留情面的检讨，当然是因为今日之我已不同于昔日之我；而如何理解君特·格拉斯的《剥洋葱》，也就在这样的对比叙述中显现出来。

伟长的阅读随笔里有伟长，这似乎是句多余的话，但仍然要说出来，是因为印象深的缘故。就这个印象还可以多说一些，想到序文宜短，读者自会到他的文章里去辨识，赶紧打住。

目录

如何过好nobody的一生

一看到报纸，普特尔老先生就大为光火，编辑把他的名字写错了，真是该死。他叫普特尔，Pooter，明明有两个o，不学无术的编辑，竟然漏掉了一个，写成了Poter。泼特尔，那还是他吗？像普特尔这样住在郊区的次中产阶级，出席一次市长大人的舞会，多么体面，好不容易才上一次地区报的新闻版，编辑还把他名字拼错了。兹事体大，耽误不得，普特尔即刻给报纸写了一封义正词严的信，严厉地表明了他很不开心的立场，郑重要求编辑改正这个不可饶恕的错误。

时隔多年，再次读到《小人物日记》的这一段，我还是忍不住乐了出来。难怪普特尔先生会胸闷，普特尔这个名字听着就颇有老派绅士的气场，Poter显然稍逊风骚。名字少掉一个字母，是可忍孰不可忍。怎么说住在郊区的次中产阶级，也是中产阶级，也算是有头有脸的人物，小小的编辑怎么可以如此敷衍了事。别看普特尔先生颇为天真烂漫，也有些迂腐，但拥趸众多，大名鼎鼎的“顽童”钱锺书先生就是他的粉丝。

一九三六年，钱锺书先生去巴黎旅行。为了打发路上时间，想找书看，可身边碰巧没带英文小说，就在旧书店随手买了一本*The Diary of a Nobody*，原以为随便翻翻，没料到收获了一份意外之喜，不但他自己喜欢，杨绛也喜欢这本书。为此，钱先生在《容安馆札记》的一百九十二条，就此书的获得过程和阅读体会，写了这样一段话：

> 余一九三六年夏游巴黎，行箧未携英文小说，偶于旧书肆得*The Diary of a Nobody*，姑购归阅之，叹为奇作，绛亦有同好。一九四〇年此书收入*Everyman's Library*，而V. S. Pritchett复作文张之（见*In My Good Books*，pp.87ff），知者稍多矣。John Betjeman谓T. S. Eliot亦喜此书（*T. S. Eliot: A Symposium*, compiled by R. March & Tambimuttu，p.92）。近日圆女方取读，因复披寻，益惊设想之巧，世间真实情事皆不能出其范围。

一

一本书能被钱锺书叹为奇作，已是少见，还能获得杨绛和钱瑗的共同喜欢，就更为不易了。钱氏一家三口，都是博览群书的人，能同时喜欢一本书，多年以后还“因复披寻”，足见此书的不简单。钱锺书先生评价这本书，丝毫不吝溢美之词，“益惊设想之巧”，“世间真实情事皆不能出其范围”，就书的灵感创意和真实性给出了高评，此等评价不可谓不高。素以挑剔闻名的钱锺书先生，对一本小书如此情有独钟，怎能不让我好奇，这到底是怎样神奇的一本书！不妨沿着钱锺书先生的评语，先了解这本书的“设想之巧”，到底巧在何处。

作者是两兄弟，英国维多利亚时代人，都是演员。哥哥乔治·格罗史密斯（George Grossmith，1847—1912），是喜剧演员、作家和创作型歌手。弟弟威登·格罗史密斯（Weedon Grossmith，1854—1919），和哥哥一样，也是个演员，此外他还是个知名的画家和剧场经理。兄弟二人，一生都对舞台表演情有独钟。

“他音乐学得很好，”乔治·格罗史密斯的小学老师说，“不过我担心他有一天会当个小丑。”老师就是老师，阅小屁孩无数，眼光真准，看出了乔治的喜剧天赋。哥哥乔治后来果然“不幸地”成为喜剧演员，如老师所愿，真的擅长演小丑。作为画家，弟弟威登声名鹊起，给杂志画的插画，也幽默感十足，很招读者喜欢。到底难以抵挡表演的诱惑，弟弟也去做演员了，同哥哥擅长演小丑不同，他擅长饰演“花花公子和教养不足、不甚开心的小个子男人”。

幽默是兄弟俩共同的基因，也是后来合作创作的基础。我不免揣测，钱锺书先生看中的是这本书的幽默元素，这对于同样幽默的他来说，吸引力可想而知。毫无疑问，逗读者开心，是兄弟俩的拿手好戏，他们在剧场就千锤百炼过。至于写作，并不陌生，他们写过不少的舞台剧，算是货真价实的剧作家。加上长年累月地跑场子演出，见识了多少人世百态。有了天生的幽默、写作底子和丰富的经历这几样打底，《小人物日记》的出现就一点都不奇怪了。没有杰出的作品是凭空出现的，都是天赋、积累和等待的结果。从另一个方面讲，非同寻常的生活经验，以及处理这些经验的能力，都是好作家必不可少的技艺与财富。

兄弟二人虚构了一个小职员查尔斯·普特尔（Pooter），让他虚构地写日记，记录自己的生活。日记体，顾名思义，自然就是日常生活的叙述视角。不同于塞万提斯虚构了堂吉诃德，堂吉诃德又虚构了他眼中的骑士世界，小人物普特尔没有虚构维多利亚时代的社会生活，而是看似老老实实地把所经历的生活记录下来。日记本是一种令人信任的文体，一定程度上说就是真实的化身。小说人物写日记，日记又是小说本身，这个设想的确机巧。如今看来颇为常见，在十九世纪的英国文学中，这样的做法还是新鲜的。《小人物日记》先是在杂志上连载，连载完后出单行本。在连载的过程中，读者的反应和建议会传到作者的耳中，这肯定会影响兄弟俩的创作，可以说最终的《小人物日记》凝聚了读者的智慧。

谈论平常人的平常生活，无论对伊丽莎白时代的写作者，抑或是维多利亚时代的，都不是简单而自然的事。伍尔夫在《陌生的伊丽莎白时代的人》一文中，就大发感叹，伊丽莎白时代的散文创作，虽然美妙而丰富，却几乎无法履行散文的职责——让人简单而自然地谈论平常的事物，即使写得辉煌而华丽，却在回归现实时显得笨拙和尴尬，难以帮助我们读者了解，伊丽莎白时代的一个普通男人和女人的日常生活是什么样的。相比伊丽莎白时代，维多利亚时代的信息要详细得多。然而，关于维多利亚时代的风貌，我们被灌输的普遍印象是古板、僵化，具体怎么僵化，如何古板，难以有清晰的说辞。有趣的事情在于，维多利亚时代的作家群简直如群星璀璨，狄更斯、哈代、勃朗特姐妹等等，这份名单很长。然而，普通人的生活如何？这依旧让很多人充满好奇。讲究门面和风雅的nobody的日常生活何来？又如何简单而自然地谈论这日常生活？

住在郊区的次中产阶级查尔斯·普特尔，被作者格罗史密斯兄弟，抓差充当了维多利亚时代日常生活的代言人。难怪Pooter成了英国名人，由此进入了日常英语，还派生出pooterish一词，用来指某一类在郊区生活的古板守旧的次中产人士。此人一出场，就瞬间奠定了*The Diary of a Nobody*的基调，即无意识地构建了一部维多利亚全盛期郊区生活的“编年史”。钱锺书先生谈到的设想之巧，我以为部分就在这里了。

二

若论“世间真实情事皆不能出其范围”，则要细说小说的主要人物了。人物自然不只是人物，更是深处具体时代中的人，从来就不会有脱离时代而存在的人物。

主人公叫Pooter，而不是Poter或者Pewter，之所以要强调他名字确切的拼写，是因为Pooter先生特别在乎这个，按性格与人设，他必须在乎。无论是少了一个o还是把两个oo变成了ew都让他无法忍受，为此他两次写信给小报社，抱怨说你们把我名字拼错了，结果，不识趣的报社并没有听进去，还写了一段不怎么好听的话来取笑他。

Pooter先生这么在意名字的拼写，是因为他出席了市长先生官邸的舞会，在他这是难得的荣耀，可以证明他可是个有脸面的人物，更可以给朋友炫耀。名字拼错就不是他了，这完全值得追究。这只是书中的一个很小的情节。也是前后两天发生的事情，因为两天的日记他就写了这一件事情，估计是气坏了，虽然那确实是一份影响力很小的报纸。这自然和他的虚荣很有关系，想想也无可厚非。毕竟对Pooter先生来说，出席市长舞会这等荣耀，一生之中没有几回的，值得大书特书。文学之妙不正在于此吗？为莫须有的小事而耿耿于怀，在他人是芝麻粒，于老先生就是黄金沙。

Pooter先生工作认真，一丝不苟，做任何事情都宁愿慢半拍也要做好，或许正是因为这个原因他才能在那家公司干到退休，并且获得了老板的信任，为此老板还送了一间六居室且带个小花园的房子给他，一举成了住在郊区的次中产阶级。故事是圆满的，这也是作者的一种情感投射。从这个意义上说，评论家普里切特把Pooter先生和伟大的堂吉诃德相提并论，看似稍显夸张，但论对生活的热爱，此二位的确颇为相似，就是相信生活中有值得为之奋斗的东西。

Pooter先生似乎有点鸡肠小肚，日记里面常发牢骚，经常对这个有意见对那个有看法，可是未必因为这个就不和人家来往，来往照常，友谊同样存在。Pooter先生没有很多的好朋友，就那么一两个，虽然彼此经常损对方，走动似乎还算频繁。

Pooter先生绝对没有绯闻，更不会闹家庭事故，因为他真的很爱他的妻子，且称之为美人，颇显滑稽。正经得令人忍俊不禁。一个儿子都快结婚的中老年妇女还能有多美呢，只是在他的眼中如此罢了，可见Pooter先生倒是爱他妻子的。当然，不排除更大的可能是，除了爱老婆，他也别无选择。

Pooter先生教子无方，孩子并不听话，也没有多大的出息，可是Pooter先生顺其自然，只求他的儿子能养活自己，别无他求。至于孩子的订婚、结婚等诸事，孩子根本不拿他当回事，问都不愿意问他。教子无方胜有方，孩子有一碗饭吃，不至于饿着，或者不会祸害一方，一个如此意义上失败的父亲，又何尝不是成功的父亲呢！

这就是次中产阶级人士Pooter先生，一个天真的人。他有一点笨拙，有一点幼稚，有一点单向思维（脑筋不转弯），有一点腼腆，但Pooter先生拥有自己的生命，他是一个毕恭毕敬和教养不足、不甚开心的男人。他讥笑下等人“在品位上就是不开窍”；接到市长舞会的请帖，自豪地向周边人炫耀；他用红漆去漆家里那套几乎要散架的《莎士比亚全集》书脊，还有浴缸，结果滚水一泡，他从浴缸里出来，浑身上下都是红色。虽然在琐屑小事上不断出丑蒙羞，但Pooter先生那种天真的有点假模假式的一本正经，还是让他逃过了责难。

Pooter先生一心想显得是个绅士，或者像个绅士那样生活。他的日记里有一种悦目惬意的庄重感。日常生活自有其庄重，这才是本书幽默所在。自然的对话一点也不沉闷。虽然日记里记录的都是些普通乃至琐碎的日常生活，微微流露的内心感情没有什么了不起，他虽然虚荣，却并不无情，他善良，真诚，不欺骗别人，努力工作尽力不落后，然后把小日子过得有滋有味，把日记写得像模像样，他只是在过一种本分的生活。小人物本人，即老实、迟钝和孩子气的Pooter先生，因为其生活习惯而变得栩栩如生。他一丝不苟、事事必录的做法完全展示了自身面貌。

Pooter先生活在自己虚构的绅士世界里。

三

从谈论这本书的角度看，这篇文章应该打住了。但是从钱锺书的阅读札记来说，我还有话要说。因为这条短短的札记，特别是下面容易被忽略的两句话，引发了我的一次美妙的阅读旅行。始于好奇心的寻找、求证和确认，换来无与伦比的满足感。

V. S. Pritchett复作文张之（见*In My Good*

Books, pp.87ff), 知者稍多矣。John Betjeman 谓 T. S. Eliot 亦喜此书(*T. S. Eliot: A Symposium*, compiled by R. March & Tambimuttu, p.92)。

钱锺书先生提到了三个人: V. S. Pritchett(普里切特)、John Betjeman(约翰·贝杰曼)和T. S. Eliot(艾略特)。大诗人艾略特,我们都较为熟悉,另外两个人是谁?他们具体写过什么?他们和《小人物日记》有着怎样的联系?好奇心作祟,我便去寻找相关的资料。寻找的过程,恰如一趟不期而遇的阅读旅行,乐在其中。*In My Good Books* 和 *T. S. Eliot: A Symposium* 这两本书,国内没有译本,亚马逊网站上倒是可以找到,但从国外发货到上海需要三到五周。我就托了当时参加艾奥瓦国际写作计划的青年小说家钱佳楠帮忙,热心的她连夜去图书馆查询,次日就把原文的扫描件传给了我。

先说第一个人Pritchett(普里切特)。他生于二十世纪初,是英国小说家,也写随笔式评论,经常为《纽约时报》及《纽约客》撰稿,追求行文风趣,对有趣好玩的东西情有独钟。从《巴黎评论》对普里切特的访谈,我们可以得知,十五岁时,父亲就把他赶去毛皮市场工作。好在普里切特的母亲,是一个讲故事的好手,善于模仿,经常讲一本书《守夜人的故事》(*The Tales of the Night*

Watchman by W. W. Jacobs)，这肯定给了儿子一些文学基因方面的遗传。普里切特被描述为二十世纪英国短篇小说大师，这和他的短篇小说创作成就密切相关。之所以写短篇，用普里切特自己的话说，他是个没有耐性的人，缺乏写长篇小说必要的耐性。短篇小说吸引他，就是因为短小，而且短篇小说能显示出一个由很多孤立的事件组成的确定的现实观念。在他看来，短篇小说最重要的事是细节，不是情节。普里切特的小说细节，通常使用明喻、暗喻和意象，这符合英国喜剧文学的传统，内敛又深沉，拒绝流于表面的肤浅笑话。英国批评家詹姆斯·伍德在《不负责任的自我》一书中就专门讨论了普里切特，认为虽然今天他没什么读者，但是因为普里切特温柔的文学奋斗——将英国喜剧扩大化、俄罗斯化、国际化，其写作风格依然堪当典范。

普里切特有一篇小说 *The Saint*（《圣徒》）入选了一九八三年的 *50 Great Short Stories*。从目录上看，这个文学选本选取了世界五十篇最好的短篇小说，包括乔伊斯、海明威、福克纳、奥康纳和普里切特等大家的短篇杰作。因为版权复杂，国内还没有中文译本。不过，没有中译本，并不意味着读者就少。相反，读者还很多。这个选本被誉为SAT考试圣经，据说被新东方等培训机构的老师推为必读书目，要求学生一日一篇，反复研读，对提高雅思和托福的写作成绩大有好处。有趣的是，研读这本书的人，大多不是文学创作者，而是参加英文考试的朋友，这显然会提升他们作为普通读者的文学鉴赏力，未来的读者会越来越不好对付。《圣徒》能被此书收入，足见这篇小说的优秀。《圣徒》的第一句就引人注意：“When I was seventeen years old, I lost my religious faith.”。小说原文的遣词造句颇有讲究，lost一词隐有迷失之意，译成失去、丧失、破灭、幻灭等词，都难以传达出迷失的意味。

作为一个喜剧作家，普里切特喜欢这本*The Diary of a Nobody*也就不奇怪了。我所好奇的是，普里切特先生为这本书写的推介文章，写了什么？按钱锺书的说法，普里切特写过一篇推介文章后，知道《小人物日记》的读者就越来越多了，什么样的文章有如此大的推广作用？可见此君非同寻常的号召力和影响力。这篇文章题为“The Nobodies”(《小人物们》)，专门谈*The Diary of a Nobody*，见于普里切特的*In My Good Books*一书，该书首次出版于一九七〇年，二〇一三年再版过。文章着重谈论了此书中刻画的小人物们以及他们身上所流露出的某种英国精神，也就是钱锺书先生提到的“复作文张之”一事。

普里切特认为，《小人物日记》的幽默本质，是真实、日常、枯燥、平淡和富有同情的精神。Pooter和他的朋友们，就是一群十九世纪英国郊区的次中产阶级的代表。对他们来说，绅士生活根本就是一种幻想，事实上他们差得远着呢，譬如Pooter先生会在星期四、星期五甚至星期六，连续几天吃周三剩下的牛奶冻，真的绅士们显然不能这么“节约”。实际上，他们的“绅士生活”，就是一连串的滑稽、尴尬和乏味的灰色生活。然而，普里切特强调，Pooter先生看来虽然可笑，但他显然不是故意逗人开心的，他是天真的。“He is innocent. The truly comic character always is. From Don Quixote down to Pickwick, Pooter and Beachcomber's Mr. Thake.”。普里切特认为，所有真正的喜剧角色都是无辜和天真的，由此他把Pooter老先生，与塞万提斯笔下的Don Quijote（堂吉诃德）和狄更斯的Pickwick（匹克威克）相提并论，认为这些角色都是真正的喜剧人物。经普里切特先生这么一提升，《小人物日记》顿时就变得高级了，Pooter先生从此进入了世界性文学人物的长廊。向来自信的英国读者，对这一点自然甘之如饴。英国之外的读者，虽然多有点纳闷，可谁又有空操这份心。作为评论家的普里切特，果然深谙文学界的定位法术，提升一个人和一本书，最好的办法就是，把他和耳熟能详的大牛人物放在一起。

四

再说第二个人物Betjeman。英国诗人John Betjeman

（约翰·贝杰曼爵士）说，诗人艾略特也喜欢*The Diary of a Nobody*。这个说法的来处，见于*T. S. Eliot: A Symposium*, compiled by R. March & Tambimuttu，一本关于艾略特专题讨论的文集，那是一九四八年，为了向艾略特表达敬意，在诗人六十岁生日时出版的书。从目录看，入书的有诗人、学者、画家和艺术家谈论艾略特的文章，其中就有约翰·贝杰曼。好玩的是，时年三十七岁的诗人W. H. 奥登也在其列，还贡献了一首诗。贝杰曼先生生于一九〇六年，在伦敦北部郊区长大，一九六九年受封爵士，一九七二年获“桂冠诗人”称号。一九一四年至一九一五年，读高中时，艾略特教过他。

贝杰曼收入该文集的文章题为“The Usher of Highgate Junior School”，文长三页半，在该书的第八十九至第九十二页。贝杰曼在文章中深情地回忆了艾略特给学生们留下的印象。全世界的套路都相似，他也扯了一点自己的往事，大意是当时鼠目寸光，不学无术，根本不知道艾略特先生是个大名鼎鼎的诗人，还以为就是一个普通教师。艾略特看上去高大又安静，更聪明的学生称他为“美国大师”（American Master）。贝杰曼爵士说，艾略特诗歌、评论作品的严肃性和看上去同样严肃认真的面孔，容易让人误认为他是个无趣的缺乏幽默感的人。事实上完全不是，贝杰曼强调，“He has a slow deep, humour, subtle and allusive, the sort of humour that appreciates the immortal book *The Diary of a Nobody.*”。可试译为：艾略特的幽默慢热而深沉，微妙而含蓄，拥有这样的幽默才能够欣赏不朽的《小人物日记》。贝杰曼用了一个词immortal（不朽的）来形容《小人物日记》。这便是诗人艾略特也喜欢这本*The Diary of a Nobody*的准确出处。钱锺书先生在札记中提到，贝杰曼爵士的这句话，在这本论文集的第九十二页。的确如此，那是文章的最后一段的最后一句，也只有这么一句。我原以为会看到艾略特对此书的具体评价，但未能如愿，没能找到更多的内容，只是说艾略特欣赏像《小人物日记》这样的幽默作品。不妨这样理解，在贝杰曼爵士的心目中,《小人物日记》的幽默也有深沉、微妙和含蓄的特点。同时，我们还可以意会为此书为贝杰曼和艾略特的共同爱好，这显然拉近了两人的距离。至于艾略特喜欢此书到怎样的程度，贝杰曼没有说得更细。

贝杰曼爵士也是风趣之人，颇有“自黑”精神，有一次就称自己是a poet and a hack，是一个诗人，hack在这里可意会为到处插一脚、东写写西搞搞的人，有点不务正业的意思。他写诗，做过记者，当过公务员，还是维多利亚时代的建筑鉴赏师。尽管我约莫知道贝杰曼要传达出自嘲的意思，却难以找到合适的汉语词汇来准确表达。hack能否翻译成王朔笔下的“顽主”一词？或者翻译成古龙小说中常用的“浪子”一词？我充满困惑和不确定。可以确定的是，贝杰曼的“自黑”精神，很讨英国民众的欢喜，难怪他会被认为是二十世纪最受欢迎的桂冠诗人。

经过如此颇为周折的寻找，我解决了自己的一个疑惑。这个疑惑在钱锺书先生那里，许是随手一记，并无特别的深意，却给我们后来的读者留下了线索。相比于寻找的结果，寻找的过程更为美妙，不断查阅材料和请教方家，一点点扩大知识边际，渐渐确定自身局限，由此变得更为谨慎，于阅读者就是莫大的意义。

五

虽然钱锺书先生对*The Diary of a Nobody*推崇备至，但直到二〇〇五年才由三联书店翻译出版，已逝的翻译家孙仲旭先生译过这本书。书名译为《小人物日记》，很是熨帖。写小人物，我原本以为或许和《无名的裘德》那样，是一个艰难的苦闷的故事。事实上，完全不是那么回事。当镜头对准那些上不了台面的普通人时，欢乐自然就多。身处鼎盛的英国维多利亚时代，nobody一词，意味深长，不仅适用于表达普通人的生活形态，也适用于形容整个维多利亚时代。

倘若把封皮撕掉，然后告诉我这不是两兄弟作家一起合作写的，而确实就是一个名叫Pooter的小人物写的日常日记，我想我依然会相信，因为日记所述的琐碎、微小事情，略微滞涩的行文笔法，塑造的有着浅薄思想的Pooter先生，等等，都让我一开始就相信一个在比下层社会稍微高点的阶层中生活的小人物就是这个样子。

这样看来，笔法的略微滞涩就是故意为之；生活事情的琐小也是有意安排；就连塑造那个Pooter先生也耗费了作者不少的心血。由此不得不赞叹作者写作手段的高明，思维的细密。钱锺书称赞作者的设想之巧，显然是有的放矢。而文学本身就是写实的少，虚构的多，或者在虚构的世界糅进自己写实的体验，再或者在写实的同时做些虚构，无非如此。能够在虚构和非虚构之间自如地漫游，并不是一件容易的事情。

《小人物日记》是有故事的，只是由于月份和日子的不断出现似乎切碎和打乱了故事的结构。可是大体的故事流脉却还是颇为清楚，我做了些粗糙的整理：安下新家（日常生活、朋友来往、出席宴会、公司工作和人际交流）——儿子回来（为儿子工作操心、儿子找到工作、儿子私自订婚、儿子谋到新职）——升职提薪（对公司忠心耿耿、获得房子的奖励），看上去支脉烦乱，但浑然一体，尤其由于儿子出现后参与父亲生活的诸多情节，所有的人物被作者借此成功地扭在了一起，小说才显得趣味盎然，不然，总是Pooter先生的自言自语，纵使天花乱坠，也未免单调了些。之所以把故事情节提出来，只是想说明，《小人物日记》的优秀不仅仅在于Pooter先生遭遇的诸多诙谐的事件。小说除了让人忍俊不禁的言语，其实还有更多深厚的内容，光是两代人不同的思维方式、生活状态就值得好好玩味，至于其他，书中供开发寻找的资源也实在不少。《小人物日记》就是虚构和写实结合得异常巧妙的一个文本。

花上一段时间来阅读乔治·格罗史密斯和威登·格罗史密斯两兄弟的《小人物日记》是值得的，因为能够在阅读中获得乐趣，一种与众不同的乐趣。这种乐趣是轻松的，但绝对不了无意义；它也是俏皮的，但是同样不失为庄重。这是真诚的并且无比认真的甚至可以说是不知不觉在流淌的俏皮，我特别要提出的是，它是认真的，不刻意，不假装，完全自然流淌，这同我看过的一些书相比，给我很大的触动。

如果我早些时间看到的话，我敢肯定，我的生命比现在要多出几分活力来。因为不管从哪个角度来看，我们大部分人注定是nobody。如何郑重其事地过好nobody的一生，真不是一件简单的事情。至少我不能保证，就能比Pooter先生过得更好，很有可能更糟。仅就自得其乐地爱命运这一点，大部分人就做不到像他一样泰然。

普里切特，一个伟大的小作家

以示敬意，应该这样开始：V. S. 普里切特先生，生于一九〇〇年，一九七五年被授爵，逝于一九九七年。只差三年，他就走完了整个二十世纪。普里切特被描述为二十世纪英国短篇小说大师，与他的长寿、多产和见多识广都分不开。人们对长寿者总是会给予一些善意的体贴，毕竟九十多岁时，普里切特还出版了一本短篇小说集《一个无忧无虑的寡妇》。普里切特是一个名副其实的多面手，长篇小说、短篇小说、文学评论、游记、散文等体裁都有涉猎，说他样样精通有点过头，总体来说干得都不赖。

一

每一个古董商人，总有一件宝物，会让他大

> 多数时间里年复一年地惦记着；为了得到这件东西，他不惜去杀人。古董这个行业的心脏就是欲望，但是这种欲望是一个被欲望自身麻痹了的梦想。麻痹得如此之深，唯一的解脱，众所周知，只能是大难临头：破产、离婚、上法庭和死亡，那牢牢攥着宝物的手，才会慢慢放开。

在短篇小说《坎伯韦尔的美人儿》里，普里切特就古董行当写出了上述一段话，看上去特别深刻，是不是很有点十九世纪经典小说的派头？然而普里切特不动声色写的一个古董商的“宝物”竟然是一个姑娘，为了得到她，耐心等待，颇费心机。为了攥住她，更是用心良苦。有心的读者不难察觉小说家释放出的烟幕弹。这是一个狡猾的小说家，让读者在感受云山雾罩的古董幕后时，不知不觉被带进了分岔的小路。他的老谋深算在于，被误导的读者醒过神来，还能心甘情愿地跟着他走。想一想，在叙述诡计得逞后，这个小个子老头偷笑的神情。难怪他的同代人，同为小说家的尤多拉·韦尔蒂说，普里切特的小说都有一个燃烧的开头，像一团旺盛的火堆，飞溅的火花像一个个魔术戏法。

从《巴黎评论》对普里切特的访谈中，可以得知，他父亲是个商人，没什么艺术细胞，生意做得也不怎么样。

十五岁时，父亲就把他赶去毛皮市场工作，因为父亲觉得毛皮这行大有前途。父亲显然错看了他，也许毛皮行当的确有前途，但普里切特未必有。好在普里切特的母亲，是一个讲故事的好手，善于用不同的口音和举止模仿遇见的人。这一点肯定影响了普里切特的小说创作，他就痴迷于写各色人物的对话。有的小说就以对话推进，在看似杂乱、孤立与分离的对话中，小说家的观念得以生成，当然，也有的高邈深远，我们捕捉不到。

关于短篇小说，普里切特有自己的认知。短篇小说吸引他，首先是因为短小，不像写长篇小说需要那么大的耐性。其次，短篇小说能显示出一个由很多孤立的事件组成的确定的现实观念，这对他诱惑很大。在普里切特看来，短篇小说最重要的事是细节，不是情节。情节是有用的，仅仅在于它提供了那种不是描述性的，而是推动行动发展的细节。我们可以确认，对普里切特来说，短篇小说就是细节，他是个彻底的细节主义者。

看一个作家如何谈论小说，有时候比直接读他的小说，更能有效地认识他。普里切特的短篇小说观很清晰，富有严密的逻辑性。我们可以抽出关键词：孤立的事件、确定的现实观念，还有必不可少的细节。孤立的事件，我理解为生活本身的无序，事件和事件并没有不言自明的因果逻辑，可供小说家随意差遣，其内在的联系如何产生，并不仅仅取决于小说家高明的技巧，也取决于事件的孤立状态是否可能发生联系。至于确定的现实观念，不妨理解为，一个作家在文本中构建的清晰的自我，它由分散在情节中的细节投射而成，表现为小说家对现实生活的发现和与众不同的看法。什么又是普里切特的细节呢？

雷蒙德·卡佛帮我们找到了答案，说出了普里切特的细节观：一瞥。普里切特的小说观影响了卡佛，他接受《巴黎评论》访谈时，就提到了普里切特的名字以示感谢。不仅如此，卡佛还有一篇文章“On Writing”（《论写作》），特别提到普里切特对短篇小说的定义：something glimpsed from the corner of the eye, in passing（眼角顺带一瞥）。注意它首先是“一瞥”，然后，如果我们够幸运，它则能够照亮瞬间、赋予鲜活生命更广阔的意义。卡佛强调，短篇小说写作者的任务，就是尽其所能投入这“一瞥”，充分调动他的智识和文学技巧，去施展他的才华，把握认识事物本质的分寸感和妥帖感，说出他对那些事物与众不同的看法。卡佛接受了普里切特的“一瞥”，并就如何完成这一瞥，进行了技术性的提升。这神乎其神的“一瞥”，就是普里切特的细节观。卡佛的“与众不同的看法”，与普里切特的“确定的现实观念”，异曲同工。只不过卡佛似乎更为自信，也更坚定一些。

普里切特将小说细节放在了人物对话中，用对话推动情节，推进故事。他不是一个热衷编写情节的小说家，对话把他从情节中解救出来。对话就是普里切特的诗学形式，用他自己的话说，“对话是我可干好的一件事，经常干和喜欢干的，对话是我最接近于诗的作品”。对话写得这么好，但普里切特说自己写不来舞台剧，听着就像是一种嘲讽。

二

普里切特的眼角瞥见了这样一群人，一群把内心生活挂在舌头上的人，他们混迹于普里切特的小说中。这些人就像蹩脚的演员一样，熟练又夸张地自顾自地表演，根本控制不住自己。普里切特无意设置起承转合的情节，而是将小说人物赶入一个特定空间，比如旅馆、酒馆、古董店、牙医诊所、破产的工厂，还有运尸体的灵车，听任他们公开表演。总之，会有一个空间，可以安放他们的喋喋不休。这群人各执一词，说的都是孤立的事件。普里切特通常使用明喻、暗喻和意象，让这些小说细节慢慢汇合，小说家的观念从中慢慢生长。这符合英国喜剧文学的传统，内敛又深沉，拒绝流于表面的肤浅笑话。

在《西班牙的罪恶》里，七个人围着桌子一坐下来，就开始吵吵嚷嚷，先是各自抱怨座位安排得不对，接着为吃什么喝什么彼此较劲，一个提议喝酒，一个说喝汤，中间还说到了某人差点淹死的那个夏天。“我们又说汤不好喝，酒也很糟糕，店主上来的每一样东西都不好吃，但是店主说汤是好的，酒也是好的，最后我们又说一切都是好的。我们告诉店主，饭店挺不错的，他说不太好，的确有点糟。”这是普里切特的喜剧风格，在一段话中埋伏着若干曲折的爆点，彼此咬合，你进我退，莫衷一是，是不是依然像极了现实生活中的某个场景，关于饭局中毫无意义却又兴致勃勃的谈话？

《一只苍蝇》中，“我”去看望破产的父亲。已经六十五岁的父亲，亢奋不已，握着拳头，教导儿子：“你给我听清楚了。我们都会担心忧虑，但是必须想得更大更好，应该有远大的抱负。拿你来说，你只是一个讲师，在大学城里给一帮人上课，我可不会就此心满意足。我要给全世界讲课。你的头发掉得很厉害，你的岁数不小了，得知道怎么生活了。”滔滔不绝的父亲似乎忘了，他已经破产了，身无分文了，但这并不影响他教育儿子。要不是一只苍蝇来打搅，这场关于抱负和生活的演说还得持续。父亲完全不在乎，外面人说他是一个老骗子。父亲信誓旦旦，钱对他来说已经没有任何意义了，他终于挣脱了金钱的束缚，而当儿子说，可以给他筹到钱时，父亲顿时两眼放光，“什么？你说你可以筹到钱，钱呢？在哪儿呢？”那些假惺惶的自我催眠瞬间崩塌，可以想见他儿子内心的崩溃和无奈。

能说会道的还有一大堆，譬如有个爱讲故事的牙医，“他是我看过的最好的牙医”。这位牙医先生的好，不在于技术，而在于拔牙时会给病人讲故事，比如他讲过一个恋母情结的故事：“我成功地糟蹋了我父亲的家产后，花光了他的每一分钱。然后我就结婚了，没过多久婚姻就被我给毁了，我跟一个法国姑娘私奔了，十八个月后这姑娘死了。母亲过世后，我父亲又结婚了，和一个年轻得可以做他女儿的姑娘结了婚。我把那姑娘从他手里夺走了，跟她结了婚，然后，我们生了七个孩子。”再譬如，有个喜欢在酒馆谈论爱情的老女人，五十七岁的她喜欢上了一个年轻的水手，厮混了两个月，“爱情”就结束了。她似乎很难过，借酒浇愁，寻求慰藉，事实上，这已经是第四个青年了。她低声说：“到了我这把年纪，没人可以打击我。我五十七岁了，我可不是小姑娘。”是不是听上去很坚强？

我们可以找出许多这样的人物，这都是些什么样的人呢？英国批评家詹姆斯·伍德的《不负责任的自我》一书中，就有一篇文章《V. S. 普里切特与英国喜剧》，重点分析了普里切特的三篇小说——《幽默感》、《摔倒》和《我家姑娘回家时》。伍德说，普里切特是典型的英国作家，内心膨胀的人物常常见于普里切特的小说中，他的喜剧就产生于人物的内心幻想和客观现实之间奇怪的冲突，并且这些内心膨胀的人物可以解读为，英国扩张投射在国内民众身上的廉价镜像，詹姆斯·伍德认为这是一种英国特征。

问题在于，我们今天已经无法想象普里切特写作《幽默感》的一九三八年，英国处于怎样扩张的境地，并且这种扩张究竟多大程度上影响了民众的心态。正因为如此，我们也就难以清晰地理解詹姆斯·伍德的解读和判断。《幽默感》写了一对情侣，开着灵车将一具尸体送回死者母亲家，沿途经过英国小镇，人们纷纷脱帽致意。女朋友突然大笑道："这感觉是国王和王后的待遇。"伍德从中辨认出了英国文学的喜剧传统，并猜想普里切特创作这段情景时，应该想到了狄更斯《远大前程》里葛吉瑞夫人的葬礼，本该肃穆庄严，最后变成了闹剧。对着詹姆斯·伍德的解读，再看看普里切特的小说，这让人束手无策，显而易见的阅读障碍就横在眼前。到底从何去感知这种喜剧呢？或者说，还有必要拂去历史的灰尘，去寻找普里切特当时的喜剧吗？如果忽略小说的创作年代，我们能有什么收获？

有一个姑娘，在镇上一家旅店做服务员，当地修车行老板的儿子喜欢她。姑娘不乐意，嫌他没有幽默感，一心想要离开小镇。这个时候，"我"出现在了旅馆中，两人迅速就好上了。老板儿子常常开着摩托车跟踪盯梢。“我”带着姑娘去看父母，老板儿子跟踪而来，路上出车祸死了。“我”家里是开殡仪馆的，于是用灵车将尸体送回老家。姑娘坚持要一起回，“我”父亲说，这不妥，一个姑娘坐在灵车上，待在棺材旁边，看上去就像是搭便车的，这没有尊严。姑娘坚持要坐灵车，还突然将嗓门拉到最高，吼道：“况且，我还没坐过灵车呢。”于是灵车载着两个人和一具尸体，路过小镇时遇到别人礼节性的脱帽敬礼。这个姑娘就像看笑话一样，看着人们脱帽致意，并说出了“这感觉是国王和王后的待遇”这样一句话。

之所以重新讲述一下小说的故事梗概，是想说今天阅读普里切特，按照詹姆斯·伍德的提示，我们会遭遇一些理解上的障碍，并因此错失一些内容。按伍德分析的那样，小说本该悲伤的结局变成了闹剧，属于典型的英国式喜剧。除此之外，这个故事还有其他的妙趣吗？比如在那些分散的细节里，是否隐藏着一些有趣的东西？

一个姑娘坚持要坐灵车的最终理由，居然是她从来没坐过，并不是因为棺材里的男人曾经爱过她。更巧妙的是，这家人还真的接受了她这个理由，让她坐进了灵车，哪怕这样看上去，她真的像是一个搭便车的。这个细节能起作用，源于我们的现实世界所建立的日常规范，没有人会真的搭一辆灵车的便车，也没有人会因为没坐过灵车就想去坐一次，但是在普里切特的小说里，这一切都发生了。这三个人的关系设置也有机巧，缠绕又戏谑。试想当时的场景，一对情侣，驾驶着灵车，女的还蹦蹦跳跳，大呼小叫，开心得不行，灵车后面装着一口棺材，里头躺着才死两天不到的爱过她的男人，见灵车驶过，人们脱帽致意，女人照单全收。

小说营造的氛围真够诡异的，悲伤早就不存在了。这就是普里切特的小说细节，嬉闹之间，正经和戏谑的对照，荒唐和无序，身份的错位和内心的膨胀，外在社会和人物内在的冲突与失调，幻化为英式幽默，在对话中得以呈现。

三

小说集《我家姑娘回家时》，有十四篇短篇小说，选自兰登书屋出版的《普里切特的世纪：小说、评论、散文精选集》。原书的平装本厚达七百三十六页，正如书名所显示的那样，基本反映了普里切特一个世纪的写作生涯。

写于一九八九年的《影像行业》，时年八十九岁的普里切特真是宝刀未老，写一个摄影家给作家拍照，一番搬弄和交流。图片展出后，作家看见镜头中的自己，像一只令人忧郁的青蛙，秃着脑袋，漂浮在养鱼缸里，而他的书房被拍得像一个阴冷的鬼屋。人的尴尬，交流的无效，嘲讽从中滋生，人们大多按照自己的意愿，去想象、虚构和表达他者。

写于一九八〇年的《无花果树》，说的是一个开花圃的家伙，爱上了一位有夫之妇，被她先生发现了。经过谈判，两位男士达成了协议，她先生撤退，成全两人。婚后，这个女人将对付前夫的所有办法，全部移植到了新老公身上。生活流年似水，只是角色发生了互换，她的前夫，曾经被她修理的男人，现在倒像个情人一样被她温和地对待了。曾经的情人，现在的老公，接过了前任被修理的命运。这篇小说的现代意义，在于小说家从日常生活中捕捉到了现代社会的某种精神，即人的表现视其所在的位置而定，同一个女人，作为情人是美妙而温婉的，成为妻子后，却原形毕露。婚姻制度到底扮演了什么角色？是爱的挡雨板，还是人性的发令枪？角色的反转，生活轨道的重调，滑稽和戏谑的出现，足见普里切特眼光的毒辣。然而，这样带着反讽的喜剧，依然来自英国文学传统，比如莎士比亚的剧作。

普里切特清醒地意识到了英国喜剧的某种局限性，他期望通过创作反抗这种英国性，根深蒂固的影响岂是说反抗就能反成的。不管怎么说，普里切特企图拓展英国喜剧的边界。伍德提醒说，即便如今人们已经不怎么读他的作品了，但因为普里切特温柔的文学奋斗——将英国喜剧扩大化、俄罗斯化、国际化，其写作风格依然堪当典范。普里切特的作品受了狄更斯和契诃夫的双重影响，他试图努力融合这两者的特点。这显然并不容易，甚至也不太可能，也就意味着普里切特小说不可避免的局限性和未完成性。

从普里切特超过半个多世纪的创作生涯来看，称得上杰作的小说作品的确不算多。一个试图融合俄罗斯喜剧和英国喜剧的写作者，他在创作中遭遇的困难，大概和这两个国家文化的差距一样大。普里切特的小说创作才华，并不像人们想象中的那么杰出。客观地讲，至少他的小说创作，就没有他的评论那么强而有力，讲究文体和见识不凡。作家乔伊斯·卡罗尔·奥茨，在《纽约书评》的一篇书评中，称赞普里切特的文学评论就是艺术品。

我读过一篇普里切特评论《小人物日记》的文章，题为“The Nobodies”（《小人物们》），文章就提出一个观点，所有真正的喜剧人物都有一个共同的特点——innocent（天真或无辜），由此他把《小人物日记》的主角普特尔，同塞万提斯的堂吉诃德和狄更斯的匹克威克等喜剧人物相提并论。用钱锺书的话说，此文影响相当显著，英国由此知道《小人物日记》的人就多了起来。从这篇文章，我们能体味到普里切特谈论文学作品的独特方法。至少关于短篇小说的本质性问题，普里切特的认识和发现，譬如“眼角顺带一瞥”的定义，就极为精妙，但是用具体作品表达这种精妙，他显然没有卡佛干得好。

关于这一点，詹姆斯·伍德说得更鸡贼，他借用普里切特评论别人的话表达了这个意思，一个伟大的小说家，除了天赋之外，首要条件是，心中要有宽广而专一的目标。伍德认为，普里切特就没有专一的目标，他缺乏专一性，所以普里切特是一个伟大的小作家。这句判断，同样显示出詹姆斯·伍德的准确和狡猾，他找到了如此妥帖又不缺敬意的句子。

八十年前的短篇小说，今天还读得进去吗？要知道，在普里切特自己的国家英国，都没什么人再去读他的作品了。不过，这也没什么，绝大多数写作者早晚都会被遗忘，再说不是还有我们中国读者吗？从全世界范围内，去打捞那些被遗忘的写作者，我们干得真不坏。

出生入死的桑塔格

很久以来，桑塔格一直被视为一个睿智、深刻的女性知识分子，散发着偶像般的光芒，犹如好莱坞影星一般，以至于有她的粉丝朝她屈膝，然后吻她的手，以示敬仰。但是按《铸就偶像——苏珊·桑塔格传》一书的说法，桑塔格的成功，绝非天才的爆破式，而是用心良苦、步步为营的结果。作者举了桑塔格自己的话为证："我的文章比我的人高明。知道为什么吧？那是因为我一改再改，慢慢地、慢慢地重写。我把它们轻轻推上山，从我平平的资质推到更聪明的高一级的层面。"这番话除了表明桑塔格对自己文章的苛求，从而勤于不断修改提高之外，也点出了她"平平的资质"。试问一句，这可能吗？

一

骄傲的桑塔格说自己“平平的资质”，怕也不能太当回事，不然就上当了。成功人士自谦天资平平，只是上苍眷顾，鼓励群众只要加油就可以，显然是一种善意的解释。残酷的现实就是，没有那百分之一的天赋，付出百分之九十九的汗水也无济于事。很多人高估的不仅仅是自己努力的程度，还包括误以为自己有那百分之一，甚至更多。必须承认一点，桑塔格是知道自己有的，所以她一生才那么努力，竭尽全力让那百分之一释放光芒，即便罹患癌症后，她也依然热爱生活，或者说依旧热爱命运，渴望哪怕多活一天。不然，无法解释坚强如苏珊·桑塔格，也会如此害怕死亡的靠近。

二十世纪六七十年代的美国文化圈，文化事件风起云涌，强人辈出，像桑塔格这样刚出道的雏儿，要变成金凤凰，进而成为文坛偶像、文化明星，难度之大，超出想象。再说，天资聪颖的人很多，勤于修改文章的人也不少，为何单单钟情于一个桑塔格？她到底是怎样被轻轻推上山的？还有哪些被忽略的因素值得我们记起？答案是肯定的，比如她的外貌、性格、出版伙伴，搭上各路文坛名流，还有始终积极参与文化公共事件，有意识地进行自我偶像化，等等。《铸就偶像》围绕这个角度，做了一番别致的解剖，或许有些不甚恰当之处，但作为解读桑塔格的一个角度，也值得我们注意。毕竟，无论从哪一个角度，回望一颗杰出心灵所走过的来路，都不可能看清全部。

这是一本没有获得桑塔格本人合作的传记，即她对本书持有异议。但并不意味着这本传记就必然地存在多大偏颇。作为读者，应该感谢她的异议。倘若她十分满意，有些内容你就未必看得到。毕竟传记不是光写给传主看的，而是要呈现给读者一个真实、完整的桑塔格。既然是真实、完整的，总有一些事情是传主不愿意再提的。

出众的外貌，迷人的气质，是桑塔格得天独厚的首要资本。“她一头乌黑的披肩发，勾勒出漂亮的椭圆形脸蛋，轻盈优雅，一副神秘的样子，举止不凡，看上去既高贵，又迷人，十分引人注目。”任何时代，我们都得承认，一个女作家，有才华，还长得漂亮，所谓“既性感，又有头脑”，都是极容易被人注意的，这是桑塔格日后能够成为偶像的先决条件。谁让她才貌双全呢！用《铸就偶像》的观点来说，桑塔格本人很清楚，她的外貌对她而言意味着什么，尤其通过《论摄影》一书阐释了照片的功能后，她总是有意识地给杂志提供一些别具一格的照片。如何评判这样的说法，是否有失公允和显得轻佻，并不重要。重要的是，评述一位知识分子，与其女性身份能否脱开关系。

从二十世纪的文化历程来看，性别身份依旧是一个障碍，当然，幸运的桑塔格越过了这个障碍。还有很多人没有这么幸运。

当《名利场》杂志用了桑塔格头像作为封面人物时，一位评论家看到了这一点：“桑塔格对打造偶像可是有过一番研究的，她拿定主意，提供的照片就是这张铁板的脸，这是一九八三年她的最佳自我展示。”漂亮是爹妈给的，如何利用好它是一个人的本事，在这一点上，桑塔格有很多成功的经验和做法值得注意。打开一点讲，相对于桑塔格对自我形象的要求和有意识的塑造，现在很多的中国作家是太不重视了，太没有自我意识了，几乎不重视到了藐视的地步。看看书店里文学作品的作者图像，真是一处接一处的灾难，更别说评论家的照片，要么是不修边幅的书房照，要么就是所谓漫步祖国大好河山的旅游照，基本都是一个模样。形象需要经营和塑造。

二

性格方面，桑塔格是一个非常清楚自己想要什么的人。她的目标是要成为精英阶层，并甘愿为此执着地坚持。“她希望自己非常有名、非常富有、非常新颖、非常具有创新力，也非常先锋。”这句话看着的确有点刺眼，似乎桑塔格被描述为功利心重的女人。一个人清楚自己想要什么，不容易。能够舍掉其他，执着于追求自己想要的东西，更是需要极大的勇气，而勇气之所以称为勇气，就在于不是人人都能拥有，这是一种稀缺品性。

在有了明确目标后，桑塔格当机立断，与丈夫离婚，带着年仅六岁的儿子和两只箱子，还有七十美金，来到了纽约，她为此激动万分。从其一生取得的成就来看，桑塔格这次不顾后路的抉择无疑具有重要的意义。如果没有这次抉择，桑塔格顶多只会成为一个出色的大学教师，而绝不可能是偶像级的公共知识分子。桑塔格太清楚自己想要什么，想要成为什么样的人，想要怎样的事业，以至于种种困难，都无法让桑塔格收回已经迈出的脚步，她简直是义无反顾。怎么赞颂桑塔格的这次抉择都不为过。离婚，带着孩子，身上一百美金不到，而且是在对未来完全模糊的情形下，这是一次对过往生活毅然的诀别。对任何一个人来说，这样的诀别不亚于经历一次人生的“小死亡”，只因为桑塔格渴望改变，她向未知的未来迈出了一步。桑塔格肯定设想过，如果这一步踏空了，她将陷入怎样的绝境。

不能有如果，即便不是为了自己，也要为了六岁的孩子。从踏上纽约的第一天起，桑塔格就明白这一点，她必须站住脚，必须生存下去，必须出人头地，别无他途。到纽约后，初来乍到的桑塔格，一开始做着许多有志青年作家在纽约做的同样的事情，在“所有的派对、乱七八糟的派对”上游弋，寻找新面孔，寻找机会。她“在大都市走街串巷，探幽揽胜”，逐渐结识了许多纽约文人，其中不乏名家。桑塔格的这些行径，显然不仅仅是为了求教和交流，同时也是在寻找舞台和机会。这的确为日后桑塔格成为文化偶像打下了群众基础。如果我们明白桑塔格所处的堪称绝境的状态，一个艰难的单亲妈妈，一个心怀写作梦想的人，一个举目无亲的外来者，她所做的所有尝试，都值得被给予善意的对待。

紧接着，桑塔格几乎抓住了她所能把握的机会，参与了大多数文化事件，并连续发表文章，诸如女权运动、同性恋、电影风潮都有她的身影，能找见她的声音。从小说到思想界，再到电影界，桑塔格精力充沛，神采奕奕，几乎每一次出手都能引人注意。她很少用整篇文章来讨论文学杰作，而是选择对文学潮流和文化潮流进行全面的梳理和发声。在慢慢积累文学资本的同时，桑塔格也在陈述自己的道德权威，塑造着自己的文化形象。她懂得说什么，更善于怎么说。一个勤奋的有才华的人，是无法永远被阻挡的。如果说桑塔格最初的交往，为的是争取发言机会，哪怕一个机会，一旦让她获得了，那她的才华就将绚烂绽放，众人就将被她征服，没有比这更公平和更励志的事情了。百分之九十九的汗水与那百分之一的天才，在桑塔格身上相聚，就这样，来到纽约的桑塔格获得了新生。必须感谢纽约这座城市，它为许多心怀梦想的人创造了机会，包括苏珊·桑塔格，它就是桑塔格的“维也纳”。

在桑塔格成为偶像的过程中，有一个人不能不提，他就是桑塔格的御用出版商——施特劳斯。在桑塔格身上，眼光毒辣的施特劳斯看到的，不仅仅是一位富有才华的小说家，还是一个女文人，一个可能名满天下的知识分子。《铸就偶像》花了一定的笔墨，对桑塔格与施特劳斯出版社间的关系进行了详细的叙述，并给予了恰当的评价，对施特劳斯的眼光和关键时刻的决断与安排，做了真诚的赞扬。如果说，决定离婚闯荡纽约文坛，是桑塔格人生中第一个抉择的话，那第二个抉择就是在施特劳斯的引导和建议下，将文艺批评作为重点创作对象。实事求是地讲，桑塔格的小说的确不如她的文艺和文化评论来得精彩。在文艺评论中，桑塔格留下的不只是洞见，还有谈论问题和写文章的方法。

如果说传记还多少存在争议，部分原因就在于桑塔格本人以及将她视为偶像的人们不愿看到的内容，被写进了那本书，其中最引人注意的当属她的性取向，也即她始终没有出柜的同性恋身份。对桑塔格的性取向，传记并没有采取回避的态度，而是直截了当加以叙述，据说这一点让桑塔格有点不高兴，尽管这算不上是什么秘密。

三

为了治疗乳腺癌，桑塔格接受了化疗。化疗期间，她写了不少日记。在一则日记中，她写了这么一句："在忧伤之谷，展开双翼。"就是这几个字，让她的儿子戴维·里夫终生念念不忘，以至于在母亲过世后，都坚持认为桑塔格的这句话——不管她自己是否完全相信它，也不管我们是否能渐渐地完全相信它——是关于人终有一死这个古老的话题所能说出的最精彩的话。

在戴维·里夫撰写的《死海搏击》中，展现了桑塔格如何渴望在忧伤之谷展开双翼的最后岁月。他不但呈现了母亲的不平凡——向死而生，相信理性，倔强自信，更重要的是，他也呈现了一个母亲的平凡——害怕死亡，渴望生存，看不透生死，参不透命运，如常人一样，因病焦虑，寻找偏方，遍求名医，期盼幸运降临。桑塔格面对死亡写下的这句话，显得如此忧伤，却又充满希望和诗意！到底是什么促使了她对生如此留恋？它是否表达了桑塔格心里对死亡的理想式的想象？作为桑塔格的儿子，戴维·里夫得以以平常人不可能有的视角，来观察病中的桑塔格。

病中的桑塔格，心情郁闷的时候，常对儿子说：“这一次，这辈子第一次，我觉得自己没有什么与众不同。”说这句话是因为，尽管从前两次癌症中死里逃生，但第三次的癌症情况极为糟糕，死亡威胁随时在迫近，任她性格如何倔强，意志如何刚强，结果恐难改变。书中写道，桑塔格真切地感到了焦虑和惊恐，对生的焦虑，对死亡的惊恐，因为她想活下去，迫切地想，她从来就不想离开这个世界。这时候的桑塔格，在戴维看来，就是一个平常妇女，常人有的担忧和惊恐，她一样不少。与我们印象中桑塔格的强硬，有很大的区分。为癌症折磨的桑塔格显现出她的软弱来。有强有弱，才是完整的桑塔格。

面对癌症，为了寻找希望，桑塔格通过网络搜索关于她病情的资料，并从中寻找一切可以增加自信的内容，比如痊愈率大概有七分之一。只要她保持向生的意志和勇气，她就会是那个幸运的七分之一。她很认真研读相关病情资料，哪怕那些东西极其枯燥甚至完全帮不上忙，她也不愿放弃。她不断地询问朋友，咨询医生，所能用到的途径，能收集到的材料，她都尽全力而为。她不隐晦自己害怕死亡。这一点上，桑塔格和常人没有什么两样，恐惧，想继续活下去，哪怕多活一两年也好。

为什么桑塔格如此期望能够延续生命？这会是很多人的疑问。显然，她的求生不单单是生理性的渴望，还有更为深层的原因。要知道，她毕竟是一个卓越的举世闻名的评论家、知识分子。戴维·里夫这样解答：桑塔格渴望活下去，源于她热爱生命，热爱这个世界，她醉心于活着，活多久都不嫌够。以至于在病情最为糟糕的日子里，桑塔格都还在考虑将来的计划，不只是准备写什么，还有她准备看的书，准备看的戏，准备再听的音乐。支撑并为她提供养料的是桑塔格孩子般的惊奇感，这才是推动她从一件事情走向另一件事情、从一次旅行到另一次旅行、从一种艺术到另一种实践的力量。我相信这种解释，他给出了一个信号——桑塔格热爱这个世界，尽管她自己也在批判它。

桑塔格留恋人间，是对身体物理存活的渴望，还是对精神世界的欲望？这是《死海搏击》在论述癌症、死亡、医患关系时最有价值的追问。桑塔格对死亡的害怕和强烈的求生意志，来源于桑塔格对这个世界的好奇，以及由此促发的对世界永无止境的探索，俗话说就想看看这个世界会怎样。书里有个说法，相对于身体的被摧残，意识对桑塔格而言最重要，假设提供给她一种除了意识之外什么也没有的长生不老的可能性，即便变成科幻小说里只有脑袋没有身体的怪胎，她都会感到欣慰与感激地接受。身体形式并不重要，会思考才是唯一。

就像桑塔格所思考的：“加诸癌症之上的，还有一些类似有关责任和人格构成的不实之词：癌症被认为是这么一种疾病，容易患上此病的是那些心理受挫的人，不能发泄自己的人以及遭受压抑的人——特别是那些压抑自己的肝火或者性欲的人。”疾病的隐喻和过多的解读依旧在蔓延。如果在桑塔格的年代，癌症患者除了遭受身体病痛外，最难的是承受来自社会阶层的各种态度，那在医患关系异常紧张的中国，癌症病人面对的情况要复杂、困难和冰冷得多，病人还要对付医生和医生背后的医疗体系。

桑塔格所祈求的就是还能以桑塔格的名义进行思考，进行写作。这个愿望带给她强烈的信念，就算是病情恶化很严重的时候，桑塔格依旧相信她可以渡过这一关。她热爱科学，带着一种虔诚的强烈而不可动摇的坚忍，就像她崇拜理性一样。她总是相信，外边的某个地方，有某种东西比现在更好，不管它是一种生活方式，还是一种治疗方式。她甚至认为，只要她挺过一段时间，科学发展就可能破译癌症的密码，多活一天，就离希望更近了一步。基于这个原因，她从来就没有放弃过治疗，总是非常配合医生的治疗方案。戴维·里夫用温情不失严谨的叙述语言，展示了生命最后时刻的桑塔格，一个絮叨的母亲，一个真实的桑塔格，一个面对死亡的忧伤之谷依旧盼望张开双翼的知识分子。

桑塔格面对死亡，就像她年轻时面对未知的纽约一样坚定。

布洛克的理想生活

我毫无原则地钟爱劳伦斯·布洛克的作品，尤其是《自以为是鲍嘉的贼》，关于雅贼的系列侦探小说之一。所谓雅贼，当然还是贼，不过有一些雅好，比如喜欢画画、研究哲学、热爱文学、喜欢运动等等，伯尼·罗登巴尔就是这样一个附庸风雅的小偷。在我看来，与其说此人是一个小偷，倒不如说他是一个理想的文艺青年。与其说布洛克写了一本小偷小说，不若说他写出了世俗的理想生活。

一

关于小偷和书的故事，我们耳熟能详的莫过于孔乙己。只不过，论偷的技术，孔乙己显然水平有限，连一个业余的贼都算不上。没偷到书不说，还被抓了个现形，给打断了腿。因为孔老师好歹也是读书人，这就给偷书染上了一些文艺气息，所谓读书人的事能算偷吗！算不算偷，那是法官的事，但要论偷术，就得由同行来判定了。这事儿要是让伯尼知道，估计得笑掉大牙，甚至会觉得孔乙己给小偷这一行抹了黑。

伯尼是谁？孔乙己的同行——专业的梁上君子，开锁高手，顶级小偷。论专业水平，高出孔老师N级，两人堪称云泥之别。与孔老师相同，伯尼也是爱书之人。书的神奇在于，可以给人装饰作用，是人的灵魂化妆品。粗俗如屠夫，爱读两本书，也是可爱的；设计化妆品的女人，倘若混迹文化圈，就是女神级人物；当官的读点书，叫学者型官员；生意人读点书，叫儒商；当兵打仗的读点书，叫儒将；流氓沾点人文气，就是大亨。但如果你什么都不干，不当官，不做生意，不带兵，也不当流氓，只是单纯地读书，可能就是书呆子。可见，读书也有些势利，不爱单干，偏爱依附某些成功人士。比如，像伯尼这样小偷界的成功人士，爱读点书，世人就称其为雅贼。

伯尼不仅爱书，还在百老汇大道，开了一家二手书店，并且是独资老板。一开始，伯尼没料想书店能赚钱，就是当个体面的门面和文化消遣的差事。要是来些同道中人，可以在书店共商大计。试想一群小偷，在书店里开工作会议，这是多么有文化气息的事情。

让伯尼意外的是，书店竟然实现了自给自足，利润虽然微薄，但是比较稳定，碰到书店打折生意好时，甚至还能养得起他。伯尼考虑到确实需要一个地方洗洗钱，毕竟他的钱来路不正，索性买下了这个门面。店是自个儿的，想怎么经营，都没有问题。如果收支平衡，那很好，意外之喜。如果入不敷出，不碍事，伯尼可以随时找到开锁的目标，很快就能偷个三五百美金，补贴书店开支。这简直是完美的计划，用书店洗黑钱，用黑钱弥补书店经营。在犯罪与审美之间进退，这是小说家的谋略。

偷窃，作为一种见不得光的行业，从来就有大小之分，所谓窃钩者诛，窃国者诸侯。从历史上来说，偷也造就了历史，以偶然性的方式参与了历史。鸡鸣狗盗，助战国的孟尝君逃离樊笼。侯成半夜里，偷走赤兔马，献给曹操，害死了吕布。蒋干盗书，离间了曹操，杀了大将蔡瑁与张允，成全了赤壁大战。偷盗，不仅是技术，也是战术。历史的迷人之处，不正在于偶然性导致的传奇吗?

不过小偷在现实生活中，遭人讨厌，即使讲规矩的老炮儿，去偷别人还行，别偷到我们自己身上就是。偷到我们自己身上，人们都要骂娘的。鼓上蚤时迁先生，飞檐走壁，偷坟盗墓，名满江湖，读者喜爱得很。可是论地位，在梁山好汉中只排名一百零七，倒数第二，这与他的名声很不相称。人们的心态也简单，喜欢归喜欢，道德还是要讲的。别人的笑话可以看，自己的笑话不能发生。西方也一样，普罗米修斯哪怕为人类偷来火种，也要承受宙斯的惩罚，被绑在石头上，天天被老鹰啄食肝脏。

伯尼是布洛克虚构的小偷形象，其传奇性还只是存在纸上，他世俗身份上的文学性尽管让不少读书人喜欢，但其传奇性显然不如真实人物更让人津津乐道。弗朗索瓦·维庸是中世纪杰出的抒情诗人，法国人（注意这一点，历史上的法国人向来妖孽），以市民抒情诗风冲破了贵族抒情的窠臼，此君虽然受过高等教育，却遇人不淑，爱上了偷东西，不断地入狱，出狱后继续偷，他的一生流连于写诗和偷东西这两项事情，都给他带来了历史名声。另一个与偷窃如影随形的作家，也是个法国人，名字叫让·热内，文学怪才，一个地地道道的小偷，一个杰出的文学家，荒诞派戏剧的大师。为了纪念偷盗岁月，他还得意扬扬地写了一本书《小偷日记》，不但有文学价值，还极有社会学价值，当然了，还具有工具书价值，是一本小偷修炼手册。

虽然举了两个法国人的例子，并不等于说偷东西就是法国作家的基因，作家偷东西，这种癖好，放在众多的文学癖好之中，也算不了什么，不过有些出格而已。虽然他们俩偷窃成名，惹下了不少麻烦，但时过境迁，如今已经成了逸闻和掌故。我们主要还是把他们当作家来看待，小偷小摸不过是无伤大雅的爱好。不过也说不定，这是我们后来者的一厢情愿，很有可能在这两位爷看来，小偷才是他们的正经事业，写作不过是业余的舞文弄墨。

盗帅楚留香，盗圣白玉堂，小偷如何成了小说主角？正人君子不招人待见，这本身就是文学创作、影视创作的不二法门，那些被人记住的主角们，基本都不是高大全的人物。当布洛克选择了小偷这个职业加在主人公身上，没有嗜好的小偷也只是个普通的小偷，浑身充满特点的小偷才是文学形象。这是一种小说策略，也是一种人生审美。

在布洛克的笔下，伯尼这个老板，比起其他老板，显然要逍遥和滋润得多，不愁买卖，赚不赚钱无所谓。这要搁在今天，光是拥有一家书店，就够无数文艺青年喜笑颜开了，何况还不用担心倒闭、不用操心经营，简直是梦寐以求的乐事。不过，可别以为伯尼真是糊涂蛋。在书这事上，他可不是外行，尽管比不了孔乙己知道茴字有四种写法，伯尼对书的版本和历史可下过不少功夫，眼光很毒，总能收进价值不错的二手书，转手也能卖出去。书店老板作为职业，显然是一个更为体面的头衔，至少比他的第一职业能见光，毕竟他没法对人自我介绍说——你好，幸会，我是小偷。

二

对伯尼来说，小偷、书店老板也只是职业，就像孔乙己好喝两口一样，他也有一个相当文艺的爱好——看电影，特别是亨弗莱·鲍嘉的片子，他是鲍嘉的铁粉。

鲍嘉，美国演员，先是凭代表作大名鼎鼎的《卡萨布兰卡》获奥斯卡最佳男主角提名，到一九五一年凭《非洲女王号》加冕奥斯卡影帝，一九九九年被美国电影学院评为电影诞生一百年以来最伟大的电影男演员。鲍嘉身上有硬汉气质和相信自己的个人主义精神，这个孤独的银幕“反派”形象是电影史的珍贵财富。

这可是伯尼心中的偶像，要知道他可曾在十五天内，看完了三十部鲍嘉主演的电影，这得是多么疯狂的迷恋。伯尼甚至相信，银幕上的鲍嘉可以告诉他应付人生所需要的一切，为此每到关键时刻，他总是想如果是鲍嘉会怎么干呢？然后把自己想象成鲍嘉，根据银幕上鲍嘉的性格做出抉择。当有人说他身上有一种像鲍嘉的浪漫气质时，他心里简直乐开了花。硬派，孤独，浪漫，这些词语也可以用来形容伯尼自己。化身为鲍嘉，或者说鲍嘉附体，是伯尼面对生活难题时的好办法。

为了塑造好伯尼，布洛克真下功夫。除了给伯尼一份书店老板的身份和工作，还让他喜欢电影，偶像是极有品位的鲍嘉。电影的加入对文学形象的塑造有何用呢？既丰富人物的性格层级，也表现人物的性格内容。电影是一种媒介，一个人与一群人可以借此交流。喜欢怎样的电影作品，可以透露出一个人的趣味。通俗地说，喜欢昆汀的与喜欢诺兰的，趣味自然不一样。喜欢王家卫和喜欢张艺谋的大概也是两拨人。

喜欢鲍嘉的小偷，会是怎样内心澎湃的小偷呢？这可说不好，喜欢英雄的不都是好汉，也有黏黏糊糊的软蛋。诺奖得主V. S. 奈保尔先生，在神一样的作品《米格尔大街》里，开篇就塑造了一个“鲍嘉”。因为电影《卡萨布兰卡》的走红，小伙子们纷纷仿效鲍嘉那种冷硬的姿态，人们在叫他鲍嘉以前叫他佩兴斯，“他眼睛很小，总是睡意蒙眬，脸很胖，头发黝黑发亮，手臂圆润丰满。可他并不滑稽。他做什么事情都不慌不忙，即使洗牌时舔一下大拇指的动作也十分优雅”。“他是我见过的最百无聊赖的人”，小说里这样定义此人。奈保尔的“毒舌”，冷静镇定，冷不丁来一句，真让人受不了。不慌不忙的优雅的百无聊赖的“鲍嘉”，真让人忍俊不禁。奈保尔的句子，是一边建构，又随时消解。对词语的运用，与其说是信手拈来，不如说是奈保尔杰出的叙事能力里，透露出的对人的敏锐观察和总结。

作为文化符号的鲍嘉，能够唤起西方读者的共同记忆，就像喜欢张国荣的鲍嘉一样，那在中国就会理解为忧郁的男子。不论奈保尔如何消遣鲍嘉，在布洛克看来，喜欢鲍嘉的小偷伯尼不是“百无聊赖”的人，恰恰相反，他颇有担当，且有生活乐趣。布洛克谈到如何塑造小说角色时，提到三点：一要有可信度，二要获得读者的认同，三要有原创性。喜欢鲍嘉可以算是一种性格标签，标签能够发挥作用，根本在于伯尼的原创性，一个明知盗窃有罪但就是忍不住技痒的雅贼。

三

伯尼就是这样一个人，爱书店，爱电影。但伯尼时刻不会忘了他的第一职业是小偷。关于这个古老的行当，伯尼有自己的判断和原则，所谓盗亦有道，他只偷有钱人，不拿穷人一针一线。他只偷体积小的好东西，如玉雕等古玩，邮票、钱币等收藏品，偶尔也来一张画，简单来说就是你缺了也不会死，而且很可能已经投了保险的东西，比如他就绝对不偷心脏起搏器，哪怕是纯金做的也不下手，那会要了人的命，只求财，不害命。这些让他在圈内有不错的口碑。行行出状元，伯尼就是小偷圈的状元。

干上小偷这一行，伯尼自己也认为，是一份堕落应该受到谴责的工作。他也尝试过放弃，可是做不到，哪怕在拥有了书店之后，也没能金盆洗手。因为伯尼就擅长干这个，不仅有开锁的高超技巧，而且对此具备杰出的天赋，没有锁可以难倒他。小说中不无夸张地写道，当他轻松破解一道道锁，登堂入室时，顿时有一种超然脱俗的感觉，在他而言那是神奇时刻。不能浪费自己的天赋，这是多么珍贵的人生经验。天赋，只有天赋，这就是为什么他在这方面得心应手，也是脱离不了这一行的原因所在，这行带给他成就感和满足感。对一个文艺青年而言，成就感就是丈量生活意义的标尺。

这就是小说的魅力，捕捉生活情景、塑造文学细节的魅力。破解难题后的成就感，是一种人类共同的情感。建国立业、求欢得手、扬名立万，成功后的感觉飘飘欲仙，生理和心理上得到双层满足。这种成就感，不分人物大小、地位高低，小偷破解一道道锁，同样如此。从这个意义上讲，布洛克将小偷层级提升到这个地步，也是一番苦心，有着意外的文学效果。

伯尼自己也承认，他的职业就是小偷，但他否认自己是盗窃狂。他说，既然选择了这一行当，从职业道德来讲，小偷就是该好好偷东西，这跟警察就该抓小偷一样简单。不但要偷，还要勤学苦练，不断提高偷盗技术，不然就不是合格的小偷。宽容一点说，伯尼倒称得上一个有职业操守和偷盗哲学的小偷家，用我们中国的老话讲，干一行真爱一行。

一个有偷盗哲学的小偷当然依旧是小偷，不值得效仿，但他的职业操守还是值得赞叹两句的，小偷就该偷，正如小说家就该好好写小说，演员就该好好演戏，生意人就该好好做生意，而不是小说家去演戏，演员去卖肉，生意人去砸钱捧角然后贻害人间。这个观点很让人喜欢，与其说是伯尼的选择，不如说是布洛克的意见。小说家总是会不经意地将他的观念放置在一个小说角色身上，由此通过小说人物去揣摩小说家的心思多半会有意外的收获。

于小说中，在一个小说人物身上，寄托和安放某类价值观，布洛克做得滴水不漏，严丝合缝。这也说明了，在写小说这件事情上，叙述者与作者要做到真正意义上的分离，是难以办到的，唯一让人在意的，只不过是作者藏得明不明显，或者说，作者想藏得多深。布洛克对类型创作很有研究，还专门写过一本叫作《布洛克的小说课堂》的书，谈论如何写小说。他并不怎么强调小说创作的天赋，而对写作训练情有独钟。

四

除了痴迷工作，热爱生活外，伯尼当然也期待一份爱情，谁说小偷就不能有爱情呢！何况伯尼可不是一个浅薄的人，他爱读书，爱看电影，爱清洁，还幽默，偶尔去街头喝上一杯咖啡，喂喂鸽子，衬衫换得也勤快，绝不邋遢，简直是完美的文艺好青年。

说要有爱，爱情便出现了。小说中这样写道，世上有那么多城市那么多书店，她偏偏走进他这家，伯尼在书店中遇见了他梦中的女人。因为都喜欢鲍嘉的电影，于是相识了。看来多看电影是好事，至少搭讪美女时用得着。于是他们共度了好些个夜晚，一起看鲍嘉的电影，然后做了一次爱，然后她就不告而别了。再然后，伯尼就去寻找她，看电影依旧买两个人的票，尽管只有他一个人坐。因为爱情，这本小说和这个小偷都显得温情脉脉。

这段爱情很美好，万千人中能相遇，多么不容易，还做了爱，尽管只有一次。可那又怎么样呢？爱上一个人，只需要牵手的一刹那，只需要一个眼神交流，但忘掉一个人，需要整整一生。买两个人的票，一个人去看；摆两双筷子，一个人吃饭；放两个枕头，一个人睡觉；盯着微信头像，再也等不来消息。不告而别，真不算太坏，还算是优雅的结束，不然真要当面告诉伯尼，我不爱你了，那才会摧残伯尼的心。一个人要离开，总有理由，与其问清理由，暗自伤心，不如相忘于江湖。不再见，也就不自贱了。

可偷心和偷东西，毕竟不是一个行当。在偷心方面，伯尼没有偷东西那样在行。爱情来了的时候，他瞬间失守，基本懵掉。爱人离去的时候，他也束手无策，任痛苦蔓延，无能为力。所谓爱上一个人花了一阵子，忘记一个人却要花一辈子。爱情来的时候，猝不及防，不管是一个小偷，还是一个大人物。

后来，伯尼接受了一个活儿，有人请他去偷一个资料夹，随之卷入了一场人命案。伯尼开始寻找答案，结果当然是真相大白了。伯尼无意间还得到了价值百万美金的邮票，像偶像鲍嘉那样拥有自我牺牲的精神，机会一旦来临，他就忍不住把这堆钱送给了她。她是谁？还能有谁！就是那个不告而别的爱人，那个他在寻找和等待的爱人。

有了伯尼这样可乐的人物，谁还在乎这个侦探故事，看他卖卖书，听他说说电影，再聊聊他的爱情，还有炫耀一下他开锁的技巧，就已经是难得的阅读享受了。对了，他还有一个好朋友，是一个警察，也知道他是小偷。可谁又规定，警察和小偷不能成为朋友呢？

这个神奇的伯尼，让我几乎忘记了是在写一篇书评，而不是一篇小偷的传记，哦不，是文艺青年之传。总之，我喜欢这个小偷，你呢？如果你和我一样，不妨打开这本小说。

松本清张的乱世

一

某日，与一位小说家聊起在读的一本小说。我说喜欢这个作者笔下的乱世和那乱世里的窘迫人。相比设计谋杀的细节，他更迷恋谋杀发生之前的生活。没等我说出小说家的名字，他就问，这个人是不是写过《砂器》？我颇为惊讶。没错，的确写过，他就是松本清张。我问，凭借这几句话，你怎么就知道我说的是松本清张。小说家说，他太独特了，你说他写谋杀，但不迷恋谋杀，还喜欢写乱世，一想就是松本清张，不会有第二个人了。

想来也是，松本清张的小说风格独树一帜，他是社会派推理小说开宗立派的大家。社会派推理小说的重心其实不在推理，而在谋杀发生时的世间百态和众生相。案件是松本清张揭开社会伤口进行观察的工具，相比于制作精美的工具，展示社会伤口才是他的最终目的。单从塑造侦探而言，我更喜欢劳伦斯·布洛克和雷蒙德·钱德勒，他们都不算是痴迷设计谋杀桥段的小说家。我喜欢他们笔下的侦探人物，比如布洛克的雅贼伯尼和钱德勒塑造的酒鬼侦探马洛，都是浸染着某种生活习性的人。人无癖好不可交，小说人物也一样，那些满身缺点却又散发着天真气息的人物，都值得仔细“读”交。阅读的迷人之处，就是在书中遭遇与自己有相同习性的人物，所谓辨认出他们，听其声，见其人，与之同呼吸，开怀大笑，潸然落泪，就是在这些人物身上看见了自己。有幸的话，通过他们还能将自己引往更远的去处。人以群分，现实生活中也一样，相交者多是同类。一般侦探小说家多着意塑造有个性的侦探，松本清张不一样，他无意塑造性格分明的侦探形象，他更愿意在罪犯身上花心思。读松本清张的小说，我记住的不是精明强干、任劳任怨的侦探，而是各式各样的走投无路的罪犯，尤其那些困于乱世窘境不得脱、最终难免堕入深渊的心灵。

乱世潜入松本清张的笔下，不是松本清张自己多喜欢乱世，而是他自己就生逢乱世，必然地，对乱世的体察就深。这是松本清张个人的不幸，却是小说家松本清张的大幸。松本清张生于一九〇九年，家里做小商贩生意，父亲潦倒，一家贫寒，长期生活于社会底层。小学毕业后，家里无力继续送他读书，他就去学工做杂役。二战期间，松本清张被派去朝鲜服役两年，回国后生活更为惨淡。战后的日本就是乱世。一直到四十岁，松本清张的生活就是竭尽全力四处赚钱，以维持基本生活。这些都可以在松本清张的自传《半生记》中读到。一本边读边会感叹“真是穷绝了”的传记，行文平实，情感却浓烈至深。战前的穷困，战后的凋敝，紧紧裹着松本清张。这些窘迫的境遇都进入了松本清张的小说。无论一个作家使用何类文体，没人可以将自己所处的时代生活——特别是贫穷的岁月——撇除干净。

何谓乱世呢？在松本清张这里，先是生计的沉重，为一饭一粥发愁，为养儿育女一筹莫展，仅衣食二事就足够压得他喘息不过来。其二是秩序的崩溃，生活秩序、经济秩序、政治秩序都陷入一片混乱，犯禁走险的人就多了。秩序之用，只有在秩序遭到破坏时，才能让人深切体悟到秩序的重要，就像呼吸在平日里难以察觉，唯有在呼吸困难时才能体会它的不可或缺。其三是安全感的丧失。朝不保夕，得过且过，随时处于无望的境地，乱世中人不得心安，正如杜甫诗言，乱世少恩惠。松本清张回望这半生乱世所经受的苦难，言语质朴如水，缓慢讲述，大苦轻言，大道至简，《半生记》至简却至真。有人竟然抱怨此书乏味，不如松本清张的小说精彩，让人瞠目结舌。越是沉重的东西，最好的叙述就越是波澜不惊，从容道来。懂的人自然就懂，不懂的人就算是高声呐喊，他们依然木讷无感。

幸好还有写作，写小说拯救了松本清张。四十一岁时，依然一事无成的松本清张，参加了一次小说比赛，得了三等奖，奖金有十万日元，约合美元二百七十八块。这给了他一点信心，奖金缓解了养家压力。两年后，松本清张写出了《某〈小仓日记〉传》，获得了第二十八届“芥川奖”，这是真正的文学入场券，他的职业写作生涯由此开启了，此后便一发不可收。四十余年里，松本清张创作了近八百部作品，平均每年近二十部，其勤奋程度可见一斑。如何理解这种近乎拼命的勤奋？不得不写？不能不写？有没有一种可能，前半生无望的穷困，加之生活的不确定，让松本清张感到了恐惧，一旦找到了写作——堪称一家人生活的救命稻草——就会牢牢抓住不放，唯有不断地写下去，才能避免过去的困境重新回来。松本清张是否会臆想，如果有一天渐渐变好的生活突然被人剥夺，重新退回那乱世的泥淖里，他会如何面对，束手就擒，还是奋力反击，哪怕因此坠入深渊？还好，松本清张没有机会面对这类危机，因为作品很受读者欢迎。他根本来不及写，据说有许多编辑守候在他家里，等着松本清张从楼上吊下一个篮子，里头放着写好的连载稿件。轮到的编辑便拿起稿子，飞奔回报社去排版。感谢写作的回报，松本清张一家人一点点爬出了生活的泥潭。

这种患得患失感不曾发生在松本清张的生活中，但以极为激烈的方式，存在于他的小说里。因为害怕他人的出现，对现有的生活形成威胁，有人痛下杀手，企图封锁过去的记忆，维持已有的生活秩序。在长篇小说《砂器》中，青年音乐家设局杀掉当年帮助过他的老恩人，就是他以为，老先生的出现，会揭开他不堪的过往和卑微的出身，从而毁掉他的前程。微妙在于，当小说家将青年人受过的苦难逐一展现时，我们能体会到小说的深层信息，一个经受社会苦难而活下来的幸存者，其内心深处始终藏着难以平息的焦虑、恐惧和风声鹤唳。过去的生活记忆都是导火索，毁灭记忆——杀掉当年的见证人——成了青年人摆脱困境的“自救”方式。在文学的逻辑世界里，这一步迈出，就踏进了深渊，然而罪犯总会寄希望于侥幸，为此押上一生作为赌注。犯罪人未尝不明白，赌输了就将一无所有。这是生逢乱世之人的宿命，无法面对苦心经营从而有了转机的新生活被毁掉的可能，所有的可能都被视为敌人。为了加剧这一撕裂构成的张力，松本清张不惜设计冒犯读者道德感的情节，即青年人的恩将仇报。至今有读者对此心存不满，认为青年人并不需要杀掉恩人，一样可以维护他目前的地位，何况善良的老人并不会真的说出秘密。这源于我们难以理解一种现实，即一个人内心的最大恐惧——新生活秩序被毁灭被剥夺的恐惧——足以摧毁这个人对他人的信任。

如何理解从泥淖里爬出来的人，如何理解对失去的恐惧，如何理解乱世求生的芸芸众生？松本清张是不是有言外之意？没错，这是一场非法谋杀，而且道德败坏，然而即便如此，整个事件不正是一出乱世悲剧吗？

二

乱世这个词，在小说集《绚烂的流离》中就藏着悲剧意味。

十二篇短篇小说，以一颗钻石在时间河流中的漫游为线索，写了很多杀人案和漫长的生活，生意人的窘迫，各种关不住的欲望，以及情杀、暗杀、仇杀、虐杀，凡此种种，写尽了日本二战后的苟全性命于乱世。我喜欢松本清张笔下的乱世景象，以及乱世中艰难活着的人。乱世是迷人的，因为乱世里人的命运充满变数，意外随时发生。变数就是不确定，不确定的事物总有其迷人之处。《绚烂的流离》里的命运就多不确定。热闹中的孤苦伶仃，乱世里的讨生活，人情冷暖下的挣扎，是松本清张赋予推理小说的光彩。

如果说命案是非正常生活的话，那如何面对死亡事件，考验的便是小说家的小说观念。这和松本清张的小说主张有关系，因为不满意“本格派”的钻牛角尖和“变格派”的肆无忌惮，松本清张提出了小说革命——“清张革命”。松本清张主张——“犯罪小说需要变革了，探讨犯罪动机和塑造人物是相辅相成的。当一个人被逼得走投无路时，此刻的心理状态就形成了犯罪动机。但是，过去总把犯罪动机千篇一律归结为个人原因，比如为了流连纸醉金迷去图财害命，或出于庸俗不堪的艳事而杀人，这几乎成为一种公式，没有特殊性。除了动机，还应当加上社会性，推理小说的路子就宽阔多了。”松本清张的所谓社会性和一个人的走投无路，是经典文学的题中之义，移植到类型小说就是创造。松本清张旨在重建新的推理小说风格，或曰美学。松本反感推理小说的旧魂灵，他率先要改造的就是犯罪动机个人化的老模式，给动机加上社会性这一味药，是松本清张开出的新方子，乱世便是这方子的药引。人性的幽暗和社会性的开阔，一旦综合地植入犯罪动机，小说就豁然开朗。从中我们能识别出松本清张的文学野心，他显然不满足于创作一般的犯罪小说，而是以小说的方式去记录小说家发现的时代生活和时代情感。这一“清张革命”将推理小说从单纯的消遣读物中剥离了出来，成为推理小说的价值取向，影响了后来很多日本推理小说家。

犯罪动机可以是一个闪念，但不会是心血来潮。谋杀不是意外的事件——虽然常被伪装成意外——而是思虑周详的精心安排。作为文学事件，犯罪要抵达社会性的广阔度，意味着小说家必须整体地打量此事件，而不是孤立对待，必须对闪念发生时的具体时代详加考察，而不是一笔带过，如此才可能得到一道启示——这样的社会环境必定引发此类案件。小说家笔力足够雄厚的话，读者就能登堂入室，否则读者面对的将会是一堵墙，墙后面还是墙。

《绚烂的流离》展现了松本清张的小说主张。其一，没有真正意义上的侦探，小说的主角不是警察，也不是私人侦探，而是事件。因为小说的重心是犯罪发生之前的社会生活，警察成为打酱油的也就不奇怪了。松本清张笔下的侦探在“破案”方面，表现得像普通人类，常常没有思路，不知从何下手。有的案件是在事过境迁之后，因为偶然的机缘才得以破案。当然，松本清张的侦探都兢兢业业，百折不挠，职业精神可嘉。其二，关于谋杀的诡计，谋杀的过程，本是多数推理小说家极力要渲染的桥段，要一点点往外吐的。松本清张反其道而行之，不仅无意遮掩，还大方地一股脑儿告诉读者谋杀过程，有时候言简意赅到了只需半页纸。对钟情于复杂诡计的读者来说，这多少显得过于慷慨。普通读者会期望小说家小气一些，吝啬一点，吊着欲望往下讲，慢慢营造解谜的过程。对松本清张而言，案件的结果并不重要，重要的是乱世生活之诡异，之深渊，之匪夷所思，质言之，就是生活本身。

松本清张的小说存在不少“法外之地”，他对被乱世生活围困的人们怀有同情之理解，并愿意他们都有好的结局，至少是安静的普通生活。松本清张对挣扎于生活深渊的人们很熟悉，可以轻易地辨认出那些为了求生而铤而走险的人们，继而对他们报以同情。一个想反抗生活的人，试图掌握自身命运的人，一旦出现在松本清张的小说里，就会得到他的青睐。这与松本清张的自身经历有关，只有一个吃过现实生活苦头的人才可能对另一个正在吃苦头的人物持有平等的理解。否则，推理小说家没有理由让杀人者躲过警察的法眼。我们有理由相信，现实中的种种谋杀，归之于法律则结局同一，归之于文学则有着绚烂的流离。

短篇《夕阳下的城堡》写一个女人，经人介绍嫁给一个财主的儿子，婚后发现被骗了，老公是一个癫痫患者。介绍人不可能不知道隐情，离婚之后这个女人被介绍人纠缠羞辱，终于找到机会将他“意外地”杀死在酒店。小说最后写道，这个女人原以为警察局会派人来找自己，可是直到最后也没有人来。从此她开始了在父亲经营的古董旧货店上班的日子。寓意为恢复了正常的日常生活。松本清张对小说人物的同情由此可见，对遭受侮辱、被欺骗的女子，他给予了超乎法律的善意理解。业务能力稍高一点的警察，就能轻易发现疑点，找到破绽，继而破解这个案件，惩罚杀人者。为了求生而杀人，即便情有可原，不等于可以赋予杀人合法性，松本清张当然知道这一点。松本清张这样做，理由不外乎一个小说家心存的善意，以及对意外可能存在的信念。罪行是否可以得到宽恕？在法律中不可以，那松本清张就在小说中宽恕了他们，并安排他们开始了新的生活，当然也是担惊受怕、终生也未必安宁的生活。

这当然是一种来自文学的善念，一种对悲剧委婉的回应。

三

在一个犯罪故事中，死亡必不可少，否则故事讲不下去。死人是一个犯罪故事的开始，而不是结束。这是一个基础设定，作者和读者的一个契约。类型小说就是一种契约游戏，作者扮演制谜和解谜者，读者既扮演观众，又扮演无形的裁判。不过，松本清张不会轻易给读者做裁判的机会，他与读者订的契约，内容不只在故事，而在故事之外的玄妙和设想。好的小说家会在满足读者欲求的同时，期望读者跟着他再往前多走几步。

为了将故事讲下去，有小说家的手法堪称拙劣，他们挖空心思地制造死亡，让故事经常中断，比如案情刚有点眉目，知情人就不出意料地被害，如此反复。这不值得大惊小怪，平庸的小说家太多了，相比于创造性地设计谜语，他们的能力只够重复桥段。几番山穷水尽，最终当然是柳暗花明。这谈不上有多难，顶多费点周折，无非是把破案的过程拉长一点，卷入死亡的人设多一点，再靠近结局就行。不像现实生活中的犯罪，有陈年积案，凶手逍遥法外若干年，乃至永远沉默，犯罪小说必须有一个结局，这是一条写作者都会遵守的行规。即便开放式的故事，依然需要一个文本意义上的结束。真正文学意义上的困难，不是安排一起死亡并予以破解，而是生活怎么沦落到非死不可。好的小说家会在这一结尾中夹带私货，引着有思考能力的读者去理解这一种非死不可，并赋予它一种价值，比如正义、荒诞和悲剧感。无论哪一种意义，都会在作品经受时间的洗刷中被擦亮，被理解，被感知，还有被传递。东野圭吾就继承了松本清张的部分衣钵，将社会派推理小说往前再推进了一步，他的长篇小说代表作《白夜行》和《嫌疑人X的献身》就是关于悲剧的细证。

松本清张的心思，即他念念不忘的“一个人被逼得走投无路时”，就在“被逼”的过程以何种方式展开，推导人在乱世中走到谋杀这一步。不是松本清张没有能力设计巧妙的谋杀，事实上他的设计足够精妙，只是他志不在此。如此一来，松本清张最终要读者参与破解的，就不是案件本身，而是案件事发前后的世道人心和命运，我更愿意称之为悲剧意识。一种更为阔大的命运笼罩在他们身上，如阴影一样，摆脱不去。这便是乱世的悲哀。《砂器》就是一部悲剧。松本清张不会开口直接道破，就像李健吾评论沈从文《边城》说的那样——“这一切，作者全叫读者自己去感受。他不破口道出，却无微不入地写出。他连读者也放在作品所需要的一种空气里，在这里读者不仅用眼睛，而且五官一齐用——灵魂微微一颤，好像水面粼粼一动，于是读者打进作品，成为一团无间隔的谐和，或者，随便你，一种吸引作用。”李健吾先生设想的读者，是高明且耐心的读者。只有这样的读者才配得上玲珑心肠的小说家。我们所期望的理想状态，是好作家和好读者相辅相成。现实多为跷跷板，此起彼伏。而今的粗糙年代里，两者都在式微，好作家凤毛麟角，好读者寥寥无几。

推理小说里的谋杀，可简单分为两种，一是主动杀人，为取利。二是被动杀人，为求生。主动与被动之间，横着的是小说家的善意和同情。在松本清张的笔下，杀人取利者被小说家送进了监狱，得到了应有的下场，大多合乎道德。为求生而杀人者，则多少得到了松本清张的眷顾与同情。同情是一种能力，甚至是一条纪律，好的写作者会下意识地遵守这条纪律。什么是同情？不是居高临下的俯视，不是上帝视角，不是可怜和惋惜，也不是恼怒和埋怨。同情是设身处地，与深陷事件中的人共同呼吸。要做到这一点，需要小说家放弃一部分自我，放下一点尊严，将自己放进故事中，乃至想象灾难发生在自己身上。无论想象自己是见证人还是受害人，都需要小说家的同情心发挥作用，体会比杀戮更驳杂的情绪。

小说生活与现实生活的微妙之处，在于小说家可以赋予小说生活一种悬置，在结局来临之前，以中断或者暂停的方式，制造小说生活结束于此处的样子。松本清张对乱世中罪人的理解，表现为用悬置为他们营造现实生活未被摧毁的幻象。不同于现实生活的绵绵不断，一段小说生活总会有一个结束。小说需要一个结局来克服对现实生活的亦步亦趋，谋杀就很好地扮演了这一结束者。谋杀可以是对一种失序生活的终止，甚至是对陷入深渊中的命运的救护。理想的生活都有一种良好的秩序。秩序的产生需要维护，也会遭遇破坏。对意在自我保护的谋杀，松本清张意识到了谋杀对生活的中断，并不忍心给谋杀者一个简单的道德评价，也不忍心将“凶手”送进监狱。在松本清张的小说中，这样的角色不止一个。

短篇小说《车票》，写了一个老实的买卖人，经营旧货店的男人，因为一缺本钱，二缺赌一把的冒险精神，只好最大限度地做好手中的买卖。偏偏他又不甘心，想扩大生意规模。结果被一个惯犯盯上，骗他借钱投资一桩生意，结果都打了水漂。在骗子去杀人灭口时，生意人阴差阳错地将骗子烧死在草垛里。松本清张知道旧货店老板参与了谋杀，应该受到惩罚，但对本性不坏的人抱有隐隐同情，他主动为人物设想解脱的办法，借一把大火烧掉了犯罪痕迹，送他回到了之前的日常生活，继续做他的旧货店生意。且不说看见过死亡的老板，在以后是否真能坦然度过生活，至少松本清张做了他能做的工作，让小说生活结束于此，此后的生活交给读者，也交给现实生活。

我愿意将松本清张的小说世界理解为一种可能的文学生活，理解为他对身处的时代进行体察之后的表述和想象，想象一种可能的美好生活。这种美好生活以宁静的日常，克服了悲剧性的时代暗影。稍有文学抱负的写作者，无不在费尽心思处理一个问题，如何把对现实时空的感知纳入笔下，即一个小说的写作与他所处的时代建立起某种联系，同时突破这一联系，修建一个小说家的桃源。松本清张从原本正常的生活中，捕捉到一个小小的坏线头，慢慢往下拉扯，一件看似完好无损的衣服被拉成了破碎的物件。松本清张的乱世，太宰治的自毁，殊途同归，都是对战争的清算，直指战后日本的匮乏和衰弱，也何尝不是在自证一种坏的生活。东野圭吾将松本清张往前推了一步，准确地说，是将松本清张无意写尽的那一部分，即如何设计一个无懈可击的完美杀人方案，进行了技术提升，同时继续抓住时代和社会生活对人的影响，正如《嫌疑人X的献身》中的数学天才，用生命作为代价，设计了如数学题一般严谨的不在场证明和杀人谜题。一个如此有数学天赋的人，沦落至此，仅仅是因为缺乏爱吗？更遑论那些流落街头、几无身份的流浪老人们。

松本清张自如地将人物在时间线中移动，轻轻一笔，就是数十年，难以承受的命运之重，在时间里显得如此轻盈。作为小说技巧，这取决于小说家的时空感知能力，取决于他对生活河流和时间河流走向的确认，以及对生活会中断，但不可能被摧毁的信念。

钱德勒的自尊

他是私人侦探，叫马洛，雷蒙德·钱德勒创造了他。明眼人都看得出来，老钱偏爱马洛，他身上就有老钱的影子，像老钱一样爱喝酒，爱管闲事，为友情着迷，为朋友两肋插刀。在爱情面前，马洛有些优柔寡断，但他知道什么是爱，当爱情来了的时候，也不糊涂。现实生活中，钱德勒就爱上了大他十八岁的女人，并娶回了家。相比老钱，马洛可没这样勇敢。

马洛出现在钱德勒的七部长篇小说和一部分短篇小说中。我更喜欢出没在《漫长的告别》里的马洛。光是这个书名就有一种恒久而普遍的忧伤。从有了文明起，人类对告别这两个字就有着非同寻常的情结。为虚幻的荣誉，为存在过的爱情，为远走高飞的朋友，也为卷入的各种是非。漫长的意义正在于告而不别，因为发生过的事情，变作记忆以后无法被彻底删除，它们总是略隐略显，时常冒头，扰乱人心。还有就是沧海桑田，物是人非。

作为侦探，马洛谈不上神机妙算，钱德勒将他看作半个酒鬼。马洛喝过的螺丝起子，比他破过的案子要多。马洛见过的女人，也比他破过的案子要多。马洛交过的朋友，当然同样比他破过的案子要多。就是这样一个看似无所不能的马洛。

一

> 我的目光第一次落在特里·伦诺克斯身上的时候，他正坐在一辆停在舞者俱乐部门外高台下的劳斯莱斯银魂里，喝得醉醺醺的。
>
> 我再次见到他的时候是在感恩节后的那个星期。

这是《漫长的告别》的开头，并不像我们习惯的犯罪小说那样抛出一起凶杀案。钱德勒开篇就写私家侦探马洛，捡了一个醉鬼伦诺克斯，然后成为朋友，一起喝着一种名叫螺丝起子的鸡尾酒，聊着天。就是这个酒鬼般的家伙，后来利用了马洛，背叛了友情，让朋友间极有意味的“告别”一词失去了意义。

如果不是基于对硬汉派侦探小说家雷蒙德·钱德勒的信任，很多人会很诧异犯罪小说这样开始的必要性。然而，案件不过是钱德勒的壳子，借尸还魂，夹带私货，钱德勒真正要表达的，与那些大作家要表达的处于同一层次。如此缓慢又有耐心的进入，让故事时间与叙述时间完美地错开，正如钱德勒耐心地展示的小说人物的理想生活，会令人不由自主地跌入他的叙述语境，甚至沉迷于案件之外的小说段落而不自知。钱德勒毫不在乎这是不是类型小说的典型写法，他并不急着挑起读者的欲望。对于五十岁才写出第一部长篇小说《长眠不醒》的钱德勒来说，读者在他心中到底有多重要几乎是个谜。

私家侦探马洛，一个四十多岁稍显邋遢的男人，基本上不务正业，见过繁花似锦，也曾潦倒落魄。而今人到中年，对未来的生活，马洛不再抱有多大的希望，也谈不上绝望，渐渐明白想要过一种什么样的生活，更清楚自己过不了哪一种生活。钱德勒深情地赋予这个小说人物鲜活的生命和完整的人格。马洛身上，闪耀着钱德勒本人的性情，孤僻又热切的内心。小说中有一段关于马洛的爱好，极具抒情性：

> 我喜欢酒吧在傍晚刚刚开门时的样子。这时，屋里的空气依然凉爽清冽，一切都亮闪闪

> 的，酒吧招待照了最后一回镜子，瞧瞧自己的领带正不正，头发光不光溜。我喜欢酒吧后排架子上那些摆得整整齐齐的酒瓶，还有闪闪发亮的高脚杯和那种期待的感觉。我喜欢看着那伙计调出当晚的第一杯鸡尾酒，然后把酒杯放在挺括的衬垫上，再在旁边放上一小块叠得整整齐齐的餐巾。我喜欢慢慢地品酒。当晚的第一杯宁静的酒，在一家宁静的酒吧里——这真是妙不可言。

是的，喝晚上第一杯安静的酒，真是妙极了。一个如此会体验生活的人，恰恰是洞悉了生活真相的人。钱德勒将自己完全代入了马洛。

马洛爱喝酒，不爱吵闹，酒吧刚开始做生意时的黄昏，正是他喜欢的时间，明暗之间的时刻。这个被自在独立的生活惯坏了的中年人，知道自己想要什么。且慢，别急着歌颂所谓自知的人，有时候过于自知不见得就好。这样的人多半行事孤僻，也孤独，缺乏足够的热情，随波逐流，甚至对当下的生活感到虚无。孤僻的人不完全排斥热闹，他只是需要恰到好处的热闹。孤僻的人内心是无所求的，却也不拒绝来自外界的问候。中年马洛的心态和状态，切合了许多深度尝过生活酸甜苦辣的人，所谓有故事的人就是这个样子。

同样是酒，在马洛的自白中，这是第一杯安静的酒，作为一个文学意象，酒也就变得不同寻常。安静用来形容酒，且是黄昏间的第一杯，酒由此被人格化，喝酒的人比酒本身更加耀眼，在这一刻时间变得缓慢。缓慢，让事物慢下来，是钱德勒惯用的小说手法，在缓慢中呈现出事物本该有的光泽，让人慢慢品尝和感受。酒吧开门前的这段时间，被钱德勒写得如此富有诗意。这是一个有着雄心和骄傲的小说家的写作能力。气氛和节奏都是叙述者马洛的，小说家钱德勒赋予了马洛审美趣味。我喜欢有能力让时间慢下来的小说家，缓慢的时间能照亮周围的事物，细节得以绽放得纤毫毕见。第一杯酒时的黄昏，显然是短暂的，由于被钱德勒捕捉到，被文字描绘，变得独立，也变得不再短暂。

一个爱喝酒的侦探，对喝酒时间还有讲究的侦探，这与破案有什么关系？用不着牵强附会地加以引申。没有关系，与案件没有关系，只与马洛本人有关系。总有一些小说家会自作聪明地给小说人物增加一点嗜好和特征，譬如有固定的习惯动作，有习惯的生活方式，耸个肩，歪个脖子，或者不爱穿袜子，睡觉不爱用枕头等这类可以毫不客气归为毫无意义的嗜好与动作。马洛的爱喝酒是马洛的事，是钱德勒的私心，也是钱德勒小说的一部分。根本上，钱德勒就没想着写一个案件，他只想写一个人，这个人叫作马洛，碰巧是一个私家侦探。

或许我们都想拥有一个马洛一样的朋友，可以时不时地喝一杯，譬如那一杯大名鼎鼎的螺丝起子，如今是什么呢？可以一起撸串，可以倾听我们满腔废话，可以放心地托付，可以不告而别。像马洛这样清醒的人，从来只有自愿地上当受骗，自愿地被当作傻瓜。事实常常是，马洛当他是朋友的，对方却未必这样想。所谓朋友，不过是可以随时被忽略、忘记，乃至被利用的。现实生活中，这样假装朋友的大概也不少吧！

> 他就像是一个你在客轮上偶遇、渐渐熟稔，但从未真正了解的人。接着，他消失了，就像那个同船的旅伴在码头上对你说完“再见伙计，保持联系”一样，但你知道你不会联系他，他也不会联系你。

事与愿违，对有些人来说，那些看上去豁达的告别，我们都知道是装出来的。哪怕是被欺骗，被愚弄，被利用，离别之后，依然念念不忘。不求获得回报，这是马洛的内心所想，因此作为补偿，马洛的豁达和伤感如期而至。被辜负的马洛，被辜负的友情，被辜负的善意。我大概永远忘不掉这本书，忘不掉钱德勒的这句话。马洛说：

“友谊还在时倒不错。别了，朋友。我不说再见。我在它还有意义的时候说过了。”

在被辜负的友谊中，告别已失去了意义。

那在辜负的爱情中呢？

二

作为一个近乎歇斯底里的细节主义者，我几乎忘却了小说讲了怎样的案件故事，却记住了小说主角马洛遭遇的一段爱情。与其说这本书写了一个谋杀故事，不如说钱德勒写了一段爱情故事。这段爱情自然也有钱德勒自己的影子。

马洛喜欢上了一个女人，琳达·洛林，多金，三十六岁，离过一次婚，正在准备离第二次。一番缠绵之后，对方提出嫁给他。马洛温柔地拒绝了。原因有几个，一是他自己习惯了独立的生活，对两个人一起生活有些惧怕，这多少有点像托词。第二是他认为于对方而言，这段感情只是一段小插曲，第一次离婚是个艰难的选择，在那之后，离婚就只是一个经济问题了，马洛不愿意作为无足轻重的插曲，如果是主题曲，马洛也许就答应了。第三，据他观察，一百个人当中大概能有一对神仙眷侣，剩下的都只是努力在维持，对长久的婚姻马洛没有信心。

马洛以轻巧又自嘲的方式，结束了这段插曲。不受伤害的方式就是不让它开始。侦探的职业一定程度上影响了马洛的生活观以及爱情观，见过了劳燕分飞，见多了无爱的婚姻，也见多了有情人的反目成仇，马洛对爱和婚姻缺乏信心。面对这个骄傲的漂亮女人，马洛还说过一番酸溜溜的话：

> 十年后，你或许会在街上与我擦肩而过，却怎么也想不起来自己究竟在哪里见过我——假使你还能注意到我的话。

这句话无比沮丧，只有深陷恋爱中的人才讲得出这样欲盖弥彰的情话，明明是爱，却又装作无所谓。马洛显得就像个任性的孩子一样，长久以来的自尊和对人性的了解，使得他面对这个已经爱上的女人，不敢靠近，不敢尝试，似乎也难以承受可能的失败，马洛主动地逃避了这段情感。关于这段逃避，关于这个名叫琳达的女人，日后的钱德勒念兹在兹，在《重播》中再续前缘，再后来终于结婚。再沉稳的人也控制不住自己不去爱上一个人，然而成熟的人更知道，对于自己得不到的，只能好好说一声再见。告别，不是为了以后相见，真的是知道以后不会再见，因此才会痛彻心扉。

我们道了别。我看着出租车消失在视线中。我反身爬上台阶，走进卧室，将被褥一条条掀开，从头重铺了一遍。一只枕头上有一根黑色的长发。一团沉甸甸的铅块堵在了我的胃里。

每一次道别就是走近死亡一小步。

“To say goodbye is to die a little.”。这一句实在动人。一直在想该怎么翻译这句话呢？告别就是死去一点点，或者翻译成：每一次道别就是走近死亡一小步。其实直译本身就很美。有很多告别，就真的成了永别。是不是有时候不告而别更能保持一点完整？对马洛来说，爱过就是爱过，爱是否就要朝夕相处？就要以婚姻的形式加以固定？他的决定没有大到完全改变自己。这是中年人的不幸，年过不惑的男人，要么炙热如初，要么灰心淡然。婚姻并不保险，在大多数侦探小说中，婚姻不仅不保险，甚至还很危险。

现实生活中的钱德勒爱上了一个大他十八岁的已婚女人，女方离婚后，两人生活在一起，度过了漫长岁月。看上去美好的爱，延续到了婚姻，激情变成了日常。钱德勒夫妇后来经历的婚姻折磨之痛也只有钱德勒知道。两人似乎都没有勇气结束这段婚姻和感情。从马洛来说，他同样没有能力去承受一段感情最终的破碎，唯有在开始盛开时转身。作为读者，我并不喜欢马洛这一点，这个多少有些自负、自恋的中年人，是钱德勒身上的部分影子在表演。但我承认，钱德勒是对的，马洛也是对的，保持爱的方式不是想尽办法保鲜，而后等待爱之花慢慢枯萎，终于凋零，实在过于残忍。在最美的时间剪断它，也是爱的一种。

钱德勒是有心的，在写这段感情时，小说家几乎忘记了马洛是干什么的，破解案件之谜可以随时被搁置不谈，说到底，被一个多金的、性感的、勇敢的女人爱上，是一种文艺梦想。这样的女人有吗？当然有，只是马洛遇上的概率太低。读者想看到圆满的结局，钱德勒知道没有结局，于是两人相互告了别，各自离去。

三

村上春树是雷蒙德·钱德勒的忠粉。

如果读过钱德勒的《漫长的告别》，就会对村上春树在《刺杀骑士团长》中的枝蔓写法见怪不怪了。村上沉迷于写一个物件，譬如一辆车、一张黑胶唱片，抑或一道菜、一幅画，都可以从钱德勒这里找到来处。村上相信文字的魔力，比如用音符可以描绘出一把扫帚的样子。村上习得了钱德勒的方法，但对于为何迷恋细写一件物件，并没有钱德勒那么清晰。

钱德勒的枝蔓和离题别有用心，他并不是无意识地放任笔法。老钱在小说中有这样一段“枯燥”的描写：

> 我在卫生间里匆匆洗了把脸，回来的时候定时器的铃声刚好响起。我关掉火，把咖啡壶放在桌上的一张草垫上。

这段描写太细致，简直到了任性的地步，这似乎并不符合小说该有的简洁，至少小说细节不是这样呈现的。当然，大部分读者对此无所谓，轻轻一扫就过去了。不愿意动脑筋的读者实在太多，在习惯被故事牵着走的今天，哪怕一点点耐心都变得稀有。狡猾的钱德勒意识到了这一点，为此他犯忌般地进行了一个小说家本不该有的自我解说，哪怕为此可能遭受指责，但一切都是值得的，他说清楚了一个极重要的小说问题：

> 我干吗要不厌其烦地跟你们说这些？那是因为，屋里紧张的气氛将每一件微小的事情都放大为一种表演，一个清晰的、无比重要的动作。正是在这种极端敏感的时刻，你所有的无意识动作——不论多么根深蒂固，不论多么习惯成自然——都成了一个个独立的意志行为。你就像是

> 一个患了小儿麻痹症之后，重新学习走路的人。你不会将任何一件事情视作理所当然——我说的是“任何一件”。

我服膺这样的解读。神一般的叙述者开口在言说。钱德勒几乎在示范一种写作方法，在什么情况下细节允许被无限地重视？只有在紧张的情况下，时间会变得漫长，细节会得以充分展现，特别是在紧张情况下人的动作会变形，原本自觉的动作被赋予了不自觉的动机。以此打量当代小说，你会发现有的小说家根本不知其为何物，以自以为是才华实则无知的方式对待细节。看似毫无关联的细节，并不是真的没有关系，否则就变成无意义的堆砌。变成意外的紧张，让动作和做出动作的人意识到了时间的存在，分神的同时试图集中精力去表达。

同样地，钱德勒也在示范一种有效的阅读方法，如何去捕捉意志之下分离的表演，看一段描写，观察一个人的表情，乃至现场看一段演出，用钱德勒的方法都可以看出。如何去读懂一个作家埋藏的引线和炸雷，如果他有能力埋雷的话？钱德勒的解读要提醒的，正是被未经训练的读者所错过的风景。如果没有意识到这种紧张的境况，我们会毫不犹豫地滑过这段话，被情节携带着朝前奔走。当阅读的愉悦被情节所左右，钱德勒看不过去了。

这就是钱德勒，他知道很多人不会注意到这些，于是他自己索性说了出来。他真正迷恋的正是这些充满张力的瞬间，不是短暂的瞬间，应该是那漫长的瞬间，是的，魔术手一般将瞬间拉成了漫长。钱德勒让叙述者停下来，变作解说员，重新解释刚才的动作所包含的意义。额外的收获在于，我们在回过头去重读刚才的段落时，得到的不只是认可和醒悟，在钱德勒的提醒中还感受到了其他的内容，可能是与上一段无关的信息，即以往的习惯在意志之下变得分离后，即便像往常一样行事，也变得不太自然。这就是表演的秘密。

真的喝一杯水，和表演喝一杯水，就是完全不同的两回事。区别在哪里？喝一杯水不见得有额外的信息，喝就是了。表演喝一杯水则有附着的信息，譬如为什么会在此时喝一杯水，以及受周围环境的影响，该怎样去喝一杯水。如果说没有一件事是顺理成章的话，那意味着在现实的生活中，我们如何去分辨表演和真实的界限。这才是文学的事情。表演的意义正在于将无意识的日常变成有意识，有意识地去生活可不是一件容易的事。

这是自信的钱德勒，对文字所能到达的效应边界颇为自信。想起当年钱德勒在好莱坞写电影剧本时，给他打下手的是日后的诺贝尔文学奖得主福克纳。现在难以理解，桀骜不驯的福克纳当年怎么肯给别人当助手。没什么复杂的，电影是对白的艺术，谁会写对白谁就是电影的宠儿。钱德勒在写人物对白以及呈现某一刻并照亮这一刻的时候，很有一套，相对而言福克纳并不善此道。钱德勒的人物对白，常以答非所问却又意在其中的方式推进，在错位中生成对话的纵深感，置换为电影语言，具有相当的表演空间，对电影演员和导演来说有空间发挥。钱德勒就是大手笔，有随手点石成金的本事。给钱德勒当助手，福克纳一点儿都不跌份。

钱德勒从事写作之前，在一家石油企业做事，工作稳定，收入不菲，就是爱喝酒，终于误了事情，加上感情上的动荡，他终于把工作也喝没了。为了生存，他才开始写侦探小说，一开始写的多是短篇小说。一个人生活状态不好时，创造出来的小说人物自然沾满小说家的习性，譬如总是爱喝上两杯。钱德勒本质上就是一个酒鬼。第一部长篇小说《长眠不醒》出版时，钱德勒已经五十岁了。这样年纪的小说家，即便为了赚钱，也不肯完全写与自己无关的东西。马洛形象的动人，就是钱德勒本身形象的折射。于是在钱德勒的小说中，我们可以轻而易举地捕捉到许多闪闪发光的洞见，譬如关于报纸这个行当，借着媒体大亨的嘴巴，钱德勒告诉我们，所有的新闻媒体本质上都是生意，新闻理想也是生意的一部分。金钱的腐蚀性并不仅仅体现在钱能买到人们所需要的大部分东西，也在于钱自身会有回环的逻辑，在工业化的进程中，钱让人们的审美开始趋同，本来参差不齐的生活正在变得一样。还有就是关于友情和爱情的言论，比如“告别就是死去一点点”，这都是小说家自己的觉悟，在小说中得以释放，也得以妥帖地安放。个人洞见和私人阅历如何在小说中完美地插入，钱德勒展示了很好的夹带私货的本事。

四

> 是吗？我的尊严是很独特的。那是一个一无所有者的尊严。要是我惹你烦了，那我道歉。

这是马洛的话。自尊是一个利器，伤人伤己。可对很多人来说，尤其对一个男人来说，如果除了那可怜的自尊，别无长物，那么自尊就是一种自我保护。因为这种自尊，即便心痛得打滚，也不会轻易臣服。男人的自尊是一种迷幻药，对爱他的女人来说，这就是一道锈住了的枷锁，有钥匙也打不开，除非毁掉它，连同这个男人一起毁掉。

必须说到尊严，就像钱德勒在小说中强调的，大部分人的一生得用一半的精力，去保护不存在的尊严。这多少显得虚无的言论，并不是钱德勒的虚张声势。从小说家的自身生活来说，尊严的获得和流失一样容易。写小说之前，钱德勒是一个受人尊敬的人物。酗酒之后，钱德勒一文不值。即便他的小说获得了很多文学大咖的推崇，那也是年过半百之后的事情。

在《漫长的告别》中，普通人的尊严几乎像虚构的意义一样令人察觉不到。马洛就是如此。面对爱情时的柔弱，并不完全是马洛举棋不定，而是马洛内心深层次的自卑，只不过马洛成功地用自嘲进行了掩盖。一个私家侦探，孤独的、没什么进账的侦探，在尊严面前失守许久了。有趣的事情在于，尊严的重要性似乎也是虚假的一种。世间真有尊严这回事吗？毕生忙碌，努力遮掩，终归于一场虚空。钱德勒的虚无来源于他自身生活的不平静。

当马洛对人侃侃而谈时，我几乎不相信马洛所言多少是真的，还是一种表演。我知道马洛的经验足够支撑他的自负，钱德勒也是。这个活在酒精和传奇中的男人，晚期作品颇为单调，那不是技术的老旧和陨落，而是激情的消退。钱德勒没有私房话要说了，该说的都说完了，再说就是重复啰唆了。还能再说什么？如果故事本身已经不能够刺激钱德勒多说几句，那马洛也就蔫了。小说家的观念都在那多余的闲话中，一个不再爱说闲话的小说人物，或许是一个合格的角色，但不会是一个可爱的形象。小说家创作力的衰退，就是从不再爱说闲话开始。生命激情的消退就是这样，依然如此，没什么好多说的。所以当我读到钱德勒亲自示范为什么要那样写一段“枯燥”的描述时，我难掩激动，那证明小说家的活力还在，激情还在，生活的热情还在，面对世界发言的冲动还在。没有什么比这更重要了。

> 一天二十四小时，总有人在逃跑，总有人在追逃。窗外，在那片上演着千宗罪的夜色中，有人在死去，在遭受摧残，被飞起的玻璃割伤，狠狠地撞上方向盘，或是身陷沉重的轮胎下。有人在被毒打、被抢劫、被扼死、被强奸、被谋杀。有人在忍受饥饿、疾病、厌倦，绝望地面对孤独、悔恨或恐惧，他们愤怒、残忍、狂乱，浑身战栗，泣不成声。

这样的话，从《漫长的告别》之后，钱德勒开始不再说了。大概也说完了。这部小说里夹带了很多的私货，不只是关于爱情的，还有关于现实，关于罪恶，关于生活和不平等的许多言论，闪烁着智慧的光芒。这些话语随时会击中深陷其中的读者。当一个人终于知道所谓尊严这回事也是自我虚构的或者被社会所虚构时，那他就会活得越来越随性。钱德勒和马洛走过的路，是大多数人终将走过的路，普遍的路，却也是崎岖的路。

我们村的凯鲁亚克

一

好些年前，那时候我还年轻，十五六岁的年纪，手里握着大把时间，只嫌日子太长，无处可用。因为无所事事，“黄昏时，我信步走去。觉得自己像是这个凄凉的红色地表上的一个斑点”。[①]既自怜，也自傲，还有隐藏起来的自卑，深陷于难以言状的百无聊赖和不甘心，对未来生活既恐惧，又无所谓。关于应该怎么生活，我也不是全然没有概念，梦想着像个侠客一样行走江湖，这显然是读多了武侠小说的后遗症。第一次遇见凯鲁亚克，是在路过

---

① ［美］杰克·凯鲁亚克：《在路上》，王永年译，上海译文出版社2006年版，第231页。除特别说明，文中所引段落都来自此书。

一个三轮车书摊时，摊子上摆着一大摞《在路上》，插着一块牌子，涂着两行毛笔字——五块一本，一本五块。少年穷，五块钱，我也得精打细算。有人在最穷的年纪，买最贵的书，我见过这样的人，但我不是，因为囊中一直羞涩，总是捉襟见肘，就没有宽裕过。

我是很多年以后才读了这本书，至少有三个发现。一是《在路上》的确讲了在路上的故事，此言不虚。第二，凯鲁亚克真的流浪过，此言也不虚。第三，我回想起自己也经历过同样躁动不安的时刻。在厌学的年纪，我迫不及待地想离开此时此地，幻想骑马上路，仗剑天涯，过一种自由自在的生活，就是去打工。我把这个想法，拐弯抹角地告诉了父亲，期待他能理解我的心思，并幻想得到他的支持。显然，我高估了父子的关系和他的宽容。父亲当然不会理解，更不会支持。用父亲的话讲，他还没有放弃我。当一个父亲对孩子不再抱有任何期待时，才可能放任他自作主张。他的反应是当场勃然大怒。愤怒的父亲和执拗的儿子，冷战多日。我们彼此都需要一个台阶。

台阶来了。村子里的一条好汉，也是我族叔，自东莞逃工回来，听说我想退学，主动请缨，上门来做思想工作。他近乎咬牙切齿又苦口婆心地教训我："听讲你要去闯荡？你真以为走江湖啊？小后生，听我讲，这个世界上，一没有江湖，二没有侠客，三没有行侠仗义，四没有红尘女侠。”我叔边说，边掰手指，掰到第四个，剩下一个孤单的小拇指，翘出来，有些异样，停顿一会儿，继续往下掰，“第五，什么都没有。只有工厂，只有生产线，一天你得干十几个小时，干不完就扣钱。”说完，他挥舞了一下拳头，以示不容置疑。我对他的到来很意外，究问他：“叔，你怎么了？我好歹还读了两年高中，你高中都没读，你还来劝我。再说离家打工，你不是最积极吗？老实说，你是不是和人打了架，回老家来躲仇人？”我叔一愣，讪然一笑：“打架是有的，都是王八拳，拿着铁棍和刀子，不分轻重，弄不好会死人的。总有人无缘无故就消失了，我怀疑是没了，不知扔到哪儿去了。要是哪天我也不见了，你们都别去找我，找也找不到的。在城里，人山人海，一个人消失了，多半就是死了。不过你们一定要堵住厂里老板，讹他几万块钱，他不敢不给。找不到尸，就埋几件衣服，给我弄一个衣冠冢就行。”我说：“好的好的，听你的，我们不去找你，但肯定会上门要钱。这个你不要操心。不说棺材了。你不想干活，怎么不跑？”我叔瞬间恼了，没好气地说：“你他妈的就是个二百五，蠢得像石头。想跑？可以啊，没人拦着你，随你跑，工资不要了？扣押的身份证不要了？你说还能跑吗？你他妈的就是想多了，哪有什么自由，莫做梦了。还自由飞翔，你他妈的真当自己是一只鸟啊？麻烦你记住，你不是雷震子，没有好果子吃。你没有翅膀，你他妈的飞不起来。”我说：“叔，你好好说话，别老说他妈的他妈的，听着一点都不以德服人，我的确不是鸟，没有翅膀，可我想飞啊，就想闯荡。你倒给我出出主意，去闯荡不打工行不行？”一听这话，我叔倒认真了起来：“行啊，有钱就行。可你有钱吗？你没有。你爸有钱吗？你爸也没有。你们都没钱，都是穷光蛋。还想去流浪？流浪也他妈的要花钱。听我讲，你还是好好读书，争取考个大学，再去打工。”听他这么一说，我也很生气，就顶了一句：“都考上大学了，还要去打工？”我叔看我有点躁，就没响。多年后我才知道他是对的。打工和上不上大学没有关系。这工不仅要打，还得打一辈子。当时我不理解这一点，但我叔的一句话提醒了我——我们缺钱，寸步难行。我内心辗转不下一千遍，退学去闯荡的念头慢慢就萎了，终至偃旗息鼓。再说，早晚要去打工，有什么好急的。

我叔见游说有了效果，便不再多劝，转而讲起他背井离乡的动人篇章。之所以说动人，因为实在悲惨。先是因为偷懒，我叔被老板炒了鱿鱼，赶出了工厂。他心情郁闷，在大排档喝酒解闷，大骂老板有眼无珠，不知不觉就喝多了。不知怎的就和邻桌吵起来了，吵着吵着就出手了。我叔年轻，哪知江湖险恶，掣出双掌，与对方战在一起。对方人多，他就一个。战不到数个回合，我叔不出意料地被人击倒在地，围起来群殴，一番拳打脚踢，饶是我叔护着脸面，还是被打了个鼻青脸肿。可能真打疼了，那么大的一个男人，抱着头蹲在地上放声大哭，任人家的拳脚如雨点般相加。也许是想起了什么，我叔越哭越伤心，哭声越来越大，几乎到了号啕大哭的地步，这倒把对方弄蒙了。这架打不下去了。对方有人踢了我叔一脚，很嫌弃地吼他，你他妈的别哭了，一个大老爷们，再哭弄死你。吼也没用，我叔根本不搭理他们，继续沉浸在一个人的痛哭中，置身边万物于不顾。对方倒没辙了，再英勇的汉子，如果对一个哭泣的男人不依不饶，会让人笑话，便悻悻然走了。走之前，竟然还把我叔的夜宵账结了。一个突然爆发痛哭的男人，和瞬间放声大哭的女人一样，都让人手足无措。我叔的这次爆发，到底是为了躲避挨打，还是想起流离的身世，抑或不得志的遭遇，已不得而知。哭罢一场，我叔平静了下来。事实上痛哭的确救了他，否则指不定要被人打断几根肋骨。偌大个城市，哪里是容身之所。夜深了，该往何处去。更紧急的，今天晚上睡哪儿？我叔顾不得挂彩的脸，拉起一袋行李，穿过粉红色弥漫的街道，钻进了黑夜，身后人声照旧鼎沸。

说罢这些，我叔撂下酒杯，陷入沉默。我说："叔，你说没有江湖，人家虽然揍了你，但帮你结账了，这就是江湖儿女。"我叔不响。我又问他："然后呢？当天夜里你到何处睡的？真去流浪了？”一问三不知，我叔不肯多说。想来必定是经历了一番苦风凄雨。我叔后来的故事，我都是听来的。五次进城打工，五次逃回村里。五进五出，只少不多，演义一样。关于他为什么明知赚不到钱还要去打工，我叔自有理由：“就是想出去，不想待在这个冰冰冷的村里，这里一点希望都没有，没有激情，一切都在衰败。这是老头们的村子，不属于我们年轻人。我要往前走，我要发现生活，前面就是东莞。”这番话听着不像是一个初中生能讲得出来的，是我根据大致意思改写的，方言有方言的精妙，换成普通话就显得过于正经。事实上，我叔一般只能坚持“发现生活”半年左右，便会逃工返回村子里，“忍受”半年缓慢的没有激情的乡村生活。回村的日子里，他天天打牌，煎熬着挺过这半年。打牌是打发时间的好方法，我叔脑子不错，总能在赌桌上赚钱。虽然不多，但足够安抚他的好胜心和面子。他通宵达旦地战斗，乐此不疲，似乎忘记了煎熬。反正我也看不出他的痛苦。乡下伙食不错，我叔把他妈养的走地鸡，吃了一只又一只，还有乡下一喝就上头的烧酒，喝了一瓶又一瓶。打完牌，就吃鸡喝酒划拳，和几个同好谈天说地。如此滋润的生活，我叔咋就不满足。半年后，他野心又起，便重整旗鼓，去寻找新生活的热切和想象中的似锦繁花。如此反复了许多年，我叔就老了。

最后一次回到乡下，我叔已过不惑之年，就此收身，再也没有出门远征。用他的话说，突然间就发现自己老了，不再是年轻人了，老了就要有老的样子。自此，我叔和老母亲生活在乡下，成了远近有名的单身汉。偶有人上门来相亲，一看我叔那怎么都收拾不干净的潦倒，说这人已经废了，相亲自然没有结果。

二

十年之后，我读过了《在路上》之后，猛然间意识到，我叔不就是我们村的迪安嘛！精力无穷，天真烂漫，不断地躁动，不断地上路，不断地自毁，把自己的生活搞得一塌糊涂，连带着家人也一起遭殃。不同的是，迪安大多数时间是开车出发，我叔是坐长途大巴上路。迪安一路上总有兄弟和姑娘同行，生产了许多荷尔蒙情事。我叔一路上有没有遇见姑娘，我并不知情，但他至今还单身着，又不像心里有人的样子。当然，心里有人表面上也看不出来，那些经受千难万险的人，表面上都已经安然平静。从身无分文和胸无点墨这两点来说，我叔不太可能深入桃花林，但路过林边，偶摘桃花肯定少不了。用村里老人的话讲，我叔就是一个不肖子孙，上不养老，下不养儿，就顾自个儿一张嘴，吃了上顿，也不管下顿。对此，我叔有不同的意见，表示了严重抗议："说我是不肖子孙，何谓肖？像他们一样吗？这帮老家伙，一派胡言。人老了总是觉得自己的话天经地义，也不看看他们自己，有什么值得我去像的。事实上他们的一生乏善可陈。注意，我可一点都没有过分，就是乏善可陈。我怎么过日子，与他们何干，又没吃他们的，喝他们的。明天的事情明天再说，有米有灶，还能饿死？再说吃饭多大点事，人生还有更大的事情需要我去操心。"这话道理是不差，但何谓更大的事，我叔也没细说过，只怕是他的托词。我隐约觉得，我叔是一个有故事的人，心里肯定藏着风云，守着秘密，只是不肯讲。一个常被老板驱赶的人，一个深夜痛哭的男人，一个打麻将总能赢钱的聪明男人，一个不断出村又回村的人，即便他生性的确懒散，我天真地想，总还有别的缘由。我没追问，他也懒得说，不说也罢。

不是谁都能上路的，我就不敢。没钱是一个原因，还怕找不到活干，就会挨饿。对挨饿这件事，我有着莫名的恐惧。我之所以没能坚持退学，父亲的反对是一回事，更深的原因还在我自己对挨饿的恐惧。按理讲我也没经受过饥荒岁月，怎么会对饥饿有如此大的忧虑。直到现在，每天不吃一碗饭，就觉得不踏实。和朋友们喝酒后，一定要加点一碗蛋炒饭，已成一则笑话。换个文艺的说法，不是肚子需要一碗蛋炒饭，是灵魂需要。还有更致命的，我不会开车，迪安就会开车。不会开车，怎么上路，怎么抵达？必须有汽车，或者搭车，最好还是有车，哪怕是偷来的车。迪安不断上路，车就扮演了很重要的角色。终于说到了迪安，迪安就是一个混蛋。一个成色十足、劣迹斑斑、可怜兮兮又十分可爱的混蛋。没关系，谁又不曾混蛋过，抑或至少像过一个混蛋。何况做一个混蛋，并不需要教科书，有人生来就会，人人皆可肆无忌惮、绘声绘色地谈起，就像谈论不断上路的迪安一样。

必须说到汽车，在迪安的上路中，有一个时刻出现的参与者和同谋，还没有被更多的读者注意的，就是汽车。开始是搭车，通常是各种卡车，偶尔能搭上轿车，到迪安自己搞来一辆车，最有戏剧张力的就是那辆豪华的凯迪拉克，最后被迪安一众人开废掉了。书中写道："汽车已经面目全非；刹车失灵；保险杠塌了进去；手柄咔嗒咔嗒直响。遇到红灯也停不住，引擎老是回火儿，猛烈震动。与其说它是一辆闪亮的高级轿车，不如说是一双沾满污泥的破靴子。"在他们接手前，这是一辆新车。

关于驾驶汽车的书写，凯鲁亚克提供了绝美并富有思索的段落。迪安们马不停蹄地放纵和寻找，去哪儿？传说中的城市，要去做什么，并不重要，有个大概方向就行，走着瞧就是了，重要的是保持行动感，以及保持时刻在飞驰的失重感，由此汽车就成了必要的工具，是汽车给了他们速度，给了他们跨越不同空间的可能，将本来需要一周的行程缩成了十七个小时。细心看迪安驾驶这辆凯迪拉克的过程，哪是正常的开车，更像是在随心所欲地虐待、操控、蹂躏一辆汽车，就像暴力般地使唤和折磨一个奴隶，从中获得了快感，越是超车和碰撞，快感也就与之俱增，只要没被撞死就一切都很好。别忘了汽车是现代工业的产物，是代表现代生活方式的机器，是现代文明造就了此等便利。这是一个悖论，工业文明被发明，被驱使，也被虐待，这与暴力的使用是同一个逻辑。工业文明反而可能增强了人自毁的便利。迪安们通过身体的虐待和自虐，收获了性价比更好的满足。

凯鲁亚克意识到了这点吗？也许是的，但迪安们的沾沾自喜和满足感也是真实的。如果可以，他们会以折腾汽车的方式，同样折腾一个人，譬如他们自己，由此获得狂欢般的乐趣，事实上他们确实也在寻找可以合作的汽车式女人，文明表现出来的唯一抑制就是他们还没有完全肆无忌惮，彻底置法律于不顾，而是以花言巧语寻找合作者，寻找同谋者，毕竟他们还没有把自己视作胆大包天的亡命之徒。同样，他们也毫不犹豫地对自己下手，想尽办法进行自虐。汽车是一个道具，提供了便利，缩短了空间和时间，并额外赠送了操控感，一种现代意义上的操控感，也是人性中隐藏的欲望。迪安们无处不在，现在依然如此。

据说有人上路前，会带一本《在路上》在身边，祈求保佑，也学习观摩，记录一路上的所思所想。我很羡慕，也佩服这样的人。一辆车，几个伙伴，在路上晃荡一年半载。我相信，如今的上路者，多会备足粮草，不太会像迪安当年那么狼狈。

三

一切都在坍塌。凯鲁亚克被视为"垮掉的一代"的精神偶像，尽管凯鲁亚克自己并不承认这一点，甚至用枪将慕名而来的青年们赶出院子。相比"垮掉"，我更喜欢"坍塌"这个词。它比"垮掉"更富有现场感，隐有表演给众人看的意味。精神的坍塌和坍塌后的重建，是两件事，在凯鲁亚克这里，坍塌之后，重建还远未到来。不知道被凯鲁亚克赶走的那些青年们怎么想。

迪安们的灵魂受困于一辆快车，一个需要抵达的地方，一个等候在路上的女人。在来来去去的路上，"他们找到了，他们失去了，他们拼命寻找，他们又找到了，他们欢笑，他们呻唤"。整本书的主题似乎就是寻找并失去着。迪安经常"谈论他的性爱问题，因为对他来说性是生活中的头等大事，虽然他为了谋生还得卖力工作"。性爱一词的原文是loveproblems，性则是sex，这是两件事，有时候也被混为一谈。这是典型的凯鲁亚克式句法，先营造一种严肃的氛围，谈论一个话题，譬如谈论情爱，却不自觉地指向另一个看似荒诞的目标——性，紧接着再往前一步，指向生存。性与爱与生存之间的多重张力由此产生，随之而来的还有戏剧性，推着小说人物往前走。凯鲁亚克的叙述方式，其精妙在于不断解构，以下坠式的转折，瞬间拉大词语之间的张力，虽然偶有粗鄙，但因为写的是年轻人的生活，自有其粗糙的迷人活力。年轻人嘛，总是毫无道理地崩溃，总是理所当然地自毁。"我一辈子都喜欢跟着让我感觉有兴趣的人，因为在我心目中，真正的人都是疯疯癫癫的，他们热爱生活，爱聊天，不露锋芒，希望拥有一切，他们从不疲倦，从不讲些平凡的东西，而是像奇妙的黄色罗马烟火筒那样不停地喷发火球、火花，在星空像蜘蛛那样拖下八条腿，中心点蓝光砰的一声爆裂。"这一段文字的表现力胜在展现了青年人的生活态度，疯癫和燃烧。小说原文比译文的句子更有节奏感，凯鲁亚克用了一个立场极为明显的单词mad，并铺陈为三个排比句："mad to live, mad to talk, mad to be saved."。紧接着作者还用了一个更为激烈的单词burn（燃烧），并重复了三次："burn, burn, burn like fabulous yellow roman candles exploding like spiders across the stars."。这就是凯鲁亚克文字的魅力，热切的词语如火如电般地奔腾而至。mad和

burn这两个词正是小说人物的精神密码。

疯子一样的迪安在社会中奔突，寻找面包和爱情。他不关心以什么方式获得这两样东西。在阅读的过程中，我常常觉得，迪安完蛋了，不断把生活搞砸，敏感又无能，自私又自负，他心中有理想的生活，为此不断上路去追寻，把自己燃烧掉，纵欲纵酒纵大麻，还有刺激感官耳朵的音乐，可感官生活仅仅是感官生活，宿醉之后一切如旧，并不构成真实的精神世界。所有不断的上路，与其说是寻找安慰与希望，不如说是逃避现实和日常，是将生活悬置在飞奔的车轮上，在夜晚的酒杯里，以及年轻的身体里，获得短暂而虚幻的满足，随之而来的必然是更大的沮丧，和更迅速的下坠，最终是难以避免的自毁。这种毁灭感觉对生活还没来得及展开的年轻人而言具有致命的吸引力，是他们可以自己决定的不多的内容之一。迪安不是精神领袖，他是撒旦，是每一个人心中隐藏的破罐子破摔的阴影。

幸好，彻底的完蛋擦肩而过，并未如期降临，因为还有电影和小说，将陷落的精神角落照亮了。“我们一晚上把两部影片各看了六遍。我们醒的时候用眼睛看，睡的时候用耳朵听，做梦的时候用心灵感受，到了早晨，我们彻底渗透了西部古怪的灰色神话和东部离奇的深色神话。”“从阿马里洛到柴尔德里斯的一路上，迪安和我应斯坦的要求把我们看过的小说情节一本一本地讲给他听。”这是我读到过的最极致的精神生活，是凯鲁亚克作为小说家令人称赞的地方，他对生活细节有着非凡的捕捉能力，并予以还原，这能激活许多人的记忆，那些烂熟于心的电影镜头和台词。凯鲁亚克调动了所有感官，在非常规的时间内，让视觉、听觉和心灵感应轮番登场。这样的细节，或曰场景，具有瞬间打动人的火花。可以被回忆的电影，可以被复述的小说，可以安放人们的精神生活。我还记得旅途中，曾经的绿皮火车上，动辄八九个小时的车途中，读过的武侠小说。

责怪迪安吗？拿什么责怪这样一个疯子？责怪他是一个骗子吗？迪安不是骗子，他很真诚，即便许诺时也很真诚，不过他是在以不断许诺的方式兑现更早些时间的承诺。疯狂过后，燃烧过后，必须面对日常生活，一日三餐。迪安“正常”了，回归了日常生活，结婚生子，暂时停下了脚步。这个女人是他喜欢的类型，话不多，是的，话不多，笑一笑，迪安表达过对这类女孩的欣赏。是这个女孩改变了他吗？我不确定，可以确定的是，至少她没有刺激迪安单独逃跑的念头，“今年夏天，我们要去宾夕法尼亚，住在一个农场——我要弄一辆旅行车，有时来纽约玩玩，我们要一幢宽敞的大房子，今后几年里要生许多孩子”。

四

这当然是一部杰作，一部多年以后都会被反复阅读的书。从出版周期来看，此书蹚过了时间之河，已经获得了永生。这份荣誉属于凯鲁亚克，属于无数蠢蠢欲动的读者，更属于那些不羁爱自由的青年流浪者们，甚至可以说流浪者们比凯鲁亚克更为伟大。即便没有这部一气呵成的霰弹式小说，即便曾经的流浪故事被尘封在路上，都无法阻止他们被反复提起。即使某一天，故事都已流散，放纵自我生活的想象还可以被瞬间点燃被蛊惑。

迪安的旅行和不断上路的决心，在不断得到和失去之间的摇摆，何处安放那任性一回的灵魂？不，这个问题不能这样问。事实是不需要安放，只有路上和远处未知的风景才是方向。经历过自由的灵魂无法被日常生活困住，只要他的双脚还能动弹，就不会放弃上路，而上路的代价就可能是辜负亲人和朋友的期待。当然，也有可能，经历过自由的身心从此安土重迁。迪安从无知无觉的放纵，到荒唐刺激感官之后对生活有所领悟，这是一代人的轨迹，也是任何一个充满活力年轻人的必经之路。曾经年轻过的人，只要他还能直面年少时的轻狂，就能理解责怪迪安的不负责任多少有些轻率。

更应该感叹的不是迪安们的命运，而是生活本身。真正伟大的是生活，被摧残了这么多回，还能死去活来，还能柳暗花明，才是最有意义的事情。未被摧毁的生活，之所以值得纪念就在于此，无论是来自外界的刺杀，还是内心的自毁，都已无关紧要。虽说见识了生活的残酷，还能热爱生活，是勇士的表现，但上升到勇气多少显得无奈，事实上除了继续热爱生活，还有别的选择吗？没有，别无选择，除非选择结束它。不，结束更需要勇气。除了演好一个色厉内荏的勇士，别无他途，就像迪安们那样，折腾完了还是回归到日常生活去了。回到日常既是惨淡的胜利，也是温柔的投降。战争一结束，英雄就进入穷途末路。所谓日常生活里的英雄，仅仅是一种修辞。一个人的日常生活中没有英雄，只有平民，需要扮演很多种角色，负责的父亲或者母亲，做决定的上司，孩子的家长，总有角色会让人疲惫不堪。我们所念念不忘的生活又是什么呢？我理解为一个动词，就是去生活着，以及奔赴未来的疲倦之后又复燃的欲望。

在城里溃败之后，我叔回到了村里。城里无他立锥之地，他无路可去，回村是唯一的归途。村里，他还有一幢老屋，虽然破旧，足够安身，至少不会再有风吹雨淋。屋已经很老了，比我叔的年纪大了好几轮，早被岁月磨得败旧，木头结构也年久失修，我叔没钱修整，也无心去修。

家里还有几亩田地，顺着时间种下去，多少都有收成。耕作了几年，趁着集体承包，流转出去了，一年有个四五千块钱收入，日子过得紧紧巴巴。好在乡下开支不多，勉强度日，酒也喝得少了。屋旁有个菜园子，老母亲还种着，蔬菜也够吃。此外就没有更多需要他打理的了。我叔回村前，蓄起了长须，不茂密，比较稀疏，虽飘飘然，但并不好看，完全没有美髯公的样子，吃饭时容易沾上油，不好清洗，时间一长就有一股子怪味。回村后，我叔决定剃掉，家里没有剃须刀，别说电动的，连手动刀片也没有，没有法子，将须按在长凳上，用菜刀一剁了事，剩下的用菜刀一根一根割，最后捏两个硬币，拔胡楂，疼得龇牙咧嘴。我叔开始读书、写毛笔字，读的书也没什么特别，就是《三国演义》《水浒传》之类的老书。写字也不临帖，想到写什么就写什么，现在旧报纸少了，就买了一本水写的书帖，不用墨水，沾水写几行，干了接着写。时间多，不着急，慢慢写。我叔就这样继续生活着。身体还算健康，五十多岁的男人，衰老也是正常。我有次问他，想不想把过去的事情写下来。我叔笑着讲，写来干什么？谁都写下来，这世上的纸都不够了。他抖抖手里早已没了扉页的书，念了一句——梁山泊林冲落草，汴京城杨志卖刀。

“啥意思？”我问他。

“没啥意思呀。”他答道。

“还想结婚不？”

我叔不说话，就笑。

如果有一个女人，像沃尔特的妻子，“从不说难听的话，从不抱怨，或者发脾气；她的男人可以夜里随便几点回来，可以随便带什么人，可以在厨房里说话喝啤酒，可以随便什么时候走人。这才是真正的男人，那才是他的堡垒。”连浪子迪安也感叹，“老兄，你们明白，这才是适合你们的真正的女人。”

不知我叔会不会期望遇见这样的女人。问题在于，她是真的宽容，还是已经无所谓？

你最寂寞，点亮灯火

“她一生钟情于两件事：开飞机和骑马，却写了一本书，迷倒了海明威。”

一九四二年，作家海明威给朋友写了这样一封信：“你读过柏瑞尔·马卡姆的《夜航西飞》了吗？……她写得很好，精彩至极，让我愧为作家。我感觉自己只是个处理词语的木匠，将工作所得拼装到一起，有时略有所成……由于我彼时正在非洲，所以书中涉及的人物故事都是真实的。我希望你能买到该书，并读一读，因为它真他妈的太棒了。”

这个朋友叫麦克斯威尔·珀金斯，堪称美国文学史上最伟大的编辑，不但是海明威的责任编辑，还一手发掘了托马斯·沃尔夫、菲茨杰拉德等天才小说家。长年漂泊在外的海明威，时常和珀金斯通信，谈论和推荐优秀作家作品是他们通信中的重要内容，当然海明威难免得意地告诉他，今天又钓了多少鱼、读到了什么好书、写作有了新的进展，或者谈谈版税之类的。珀金斯是否就此回过信，不得而知，根据他们两人的交情和信任，如无意外，珀金斯大概会留意这本书。

海明威对《夜航西飞》如此不吝赞美之词，甚至不无夸张地说这本书让自认为作家的他感到羞愧，原因并不复杂。海明威在马卡姆的文字中辨认出了相同的气质，比如他们都对充满力量的东西有着共同的爱好，赛马，打猎，孤独地同暴风雨搏斗，都出现在两人的笔下。与其说海明威对马卡姆充满敬佩，不如说通过马卡姆的文字，海明威看到了自己的影子，看到了他所欣赏和仰慕的那些理性的力量，在充满野性和真实的非洲得以呈现。

一

关于这本书的由来，我多次想象过这样一个场景：一九四〇年的某个下午，秋风正起，有些许凉意。在纽约某个街角的一家咖啡馆里，一位身材修长瘦削的美丽女士，与一个看上去风流倜傥的男子，一起喝着咖啡，也可能抽着香烟。他们毫不掩饰对彼此的欣赏，聊及往事和他们共同的爱好——飞行时，相谈甚欢，互诉衷肠。

女士向他讲述过去的故事，那些传奇的经历，兴之所至时不免手舞足蹈，时而发出美妙的笑声。也许是优美的语言，也许是她传奇的经历，也许就是因为她自己，总之有什么东西，瞬间感染了这个男子，他简直听得入了迷。在听完她的述说后，他轻轻地说出了这样一句话：亲爱的，你该写写这些事，你知道吗，你应该写。感谢这句话，要是没有这句话，马卡姆也许就只是说说而已。

他的鼓励让她很受用，要知道，她面前的这个法国男人可不一般。他不仅是一个优秀的飞行员，还是一个知名作家，写过《南方邮航》《夜航》等作品，最重要的他还是蜚声全球的《小王子》的作者。没错，他就是安托万·德·圣埃克苏佩里，感动过数以亿计的全球读者。一个偶像般的男人的鼓励，其激活力有多大，在她之后的写作中完全展示了出来。她很幸运，能得到小王子之父的激励。她的幸运不只来自命运，在飞行这个男人的行当，作为一个女飞行员，她干得相当不错。

这位美丽的女士叫作柏瑞尔·马卡姆，一个女飞行员，世间传说他们是情人，也许是的，不过这是她的私事。但我想说的是，因为有了圣埃克苏佩里的鼓励和催促，马卡姆有了写的冲动。可能她自己也知道，她的传奇经历倘若真变成文字，将会给男人们带去怎样的慰藉，只不过她需要一个人鼓动她动笔，圣埃克苏佩里就是这个人。后来她果真写了一本书，书名叫作《夜航西飞》，英文名更有诗意，叫 *West with the Night*。

《夜航西飞》出版于一九四二年，因为马卡姆的女飞行员的身份，初版书一时颇受关注，但奈何时运不济，战后的美国民众忙于新世界，对探索非洲的兴趣不大，初版并没有迎来爆发。直到四十多年后的一九八三年，此书重版，海明威的话语被用作宣传。去世前，她住在郊外租来的房子里，家徒四壁，依旧在训练赛马，没有女人比她更不在意自己的物质环境，据说人们带着担忧说起柏瑞尔，"还和往常一样手头紧"，但是她对攒钱没有兴趣，后半生过得清贫又自得其乐。等到《夜航西飞》终于登上畅销书榜冠军时，马卡姆去世了，她再也用不上那些版税了。

如果这本书是在英国出版，也许情况就会不一样。在《夜航西飞》出版的前几年，即一九三七年，丹麦女作家伊萨克·迪内森出版了《走出非洲》，大获成功，销量逐年上升，最终成为经典。这和当时英国的国内环境很有关系。很多评论家认为，从作品的质量来说，《夜航西飞》应该获得和《走出非洲》同等的美誉。如今这两部作品终于并驾齐驱了，关于非洲，《走出非洲》和《夜航西飞》成了两部绕不过去的经典。甚至，后者在展现一个人的追求和与自然相处的精神历程方面，更为人津津乐道。

二

从经历上看，柏瑞尔毕生只钟情于两件事——驾驶飞机和训练赛马，前半生将时间交给了天空，后半生给了马背。

她十八岁便成为非洲首位持有赛马训练师执照的女性。一九三一年开始，她成为非洲第一位职业女飞行员，这年她二十八岁。一九三六年九月，她从英国出发，驾驶飞机一路向西，成为第一位单人由东向西飞越大西洋的飞行员。在非洲的二十余年，她驾驶着飞机冲上蓝天，翱翔于非洲上空。这段简要稍显枯燥的履历，实在难以亮出柏瑞尔的传奇。她说："我能预料到的是，只要我有架飞机，只要天空还在，我就会继续飞下去。"

一九五〇年，她回到肯尼亚，重操赛马训练师的职业，此时她快五十岁了。直到一九八六年逝世为止的三十年间，她后半生所有的心思都在驯马上面。柏瑞尔在书中无比深情地说道："我生命中所有的记忆片段，都与马有关，属于我的马，属于我父亲的马或是我认识的某匹马。"很显然，这是一个极富传奇色彩的女人。从天空到马背，空间不同，但是热情未改。

同其他八卦性质的传记不同，柏瑞尔没有兴趣在书中讲述她的私事，尽管那样会更加引人注意。她从不提她的母亲，不提过去的三段婚姻和那些婚姻里的男人，更不提她经历过的诸多风流艳事，甚至连儿子都没有得到她笔墨的眷顾，但有一个人她始终心怀崇敬和仰慕地予以书写——她的父亲，一个高大威猛却又无比绅士的男人，热爱生活，热爱驯马。

柏瑞尔毕生都随身带着一张父亲的照片，这应该就是恋父情结的表现吧！极富强烈雄性气质的父亲让柏瑞尔在一生中对那些有冒险精神的男子充满欣赏。恋父情结多少给她的感情生活带来压力，三段婚姻都算不上成功，晚年时都还是她一个人与潜入室的小偷争斗。她花了一辈子去寻找一个具有父亲一般品质的男人，未能如愿！一个父亲做得太好，对女儿似乎也未必是好事。恋父这种事情，重点不在恋，而在基因的遗传，在血液里头对美好生活的向往。读柏瑞尔的书，并引入她的生活轨迹，更能理解她作为写作者，更准确地说，是作为一位拥有独立生活态度的非凡女性所建构的精神世界。

三

真正开始写时，柏瑞尔才发现，仅有枯燥的飞行经历是难以成书的，读者不会对你介绍如何驾驶飞机并成功飞过大西洋的技术感兴趣，尽管热爱飞行的漂亮娘儿们总让人充满想象。

为了让此书显得更加有趣，柏瑞尔选择了通过飞行展现非洲的野性之美，那份古老而神秘的野性力量，以及一个漂亮女飞行员飞在天空的孤独。之所以数次提到她的漂亮，首先这是事实，因为只有漂亮的女人干雄性气质的工作才让人感觉更加性感，使人越发着迷。尽管她笔下的非洲时属二十世纪二三十年代，离现在快有百年的历史，现在的非洲肯定已非比往昔，但依旧不影响我们去欣赏百年前的神秘非洲。这是文字记录时间和空间的魅力，换言之，就是历史的非洲。

柏瑞尔这样形容非洲：神秘的非洲，狂野的非洲。它是炼狱，也是摄影师的天堂。它是狩猎者的圣殿，也是遁世者的乌托邦。它是你心中的愿望，禁得起所有的诠释。它是死亡世界最后的一丝残余，也是闪亮生命的摇篮。对柏瑞尔而言，非洲是她的一个家，四岁来到东非，少年时光着脚和纳迪人一起捕捉野猪，自认为是一个乡下人。因为有了家的概念，所以她很淡定，不见丝毫的激动，她就像一个管家一般描述这个家，她一个人的非洲。

在已有的关于非洲的著作中，有的很黑暗，有的较为光明，但感觉大多数都充斥着动物和植物，还有一些为气候、丛林和狩猎而痴狂。唯有柏瑞尔把非洲当自己的家在写，亲切温柔，一种家的静默："有一种寂静随林间的清晨一同降临，它有别于一座安睡的城市的寂静。有暴风雨前的静默以及暴风雨后的静默，这两者也不尽相同。有虚无之静默，惊惧之静默，疑惑之静默。有一种静默可以从没有生命的物体中散发出来，比如说从一把刚被使用过的椅子，或者从一架琴键蒙尘的钢琴，甚至从任何一件曾满足人们需求的物品之中，不管是为取乐还是为工作。这样的静默会说话。它的嗓音或许忧郁，却也并非总是如此，因为椅子可能是一个欢笑的孩子留下的，钢琴的最后几个音符曾经喧闹而欢快。无关氛围与场合，事物的本质将在随之而来的静默中延伸。它是一阵无声的回响。"这是柏瑞尔的非洲。

尽管透过飞机视窗，看见的非洲辽阔无比，却也有一种淡淡的孤独感，不是柏瑞尔孤独，她自己很享受一个人翱翔在天上的感觉，只是我们读者想象她穿越黑暗，操握飞机操纵杆时的心绪是否会和她握住赛马的缰绳一般自由！穿越过天空的女人，俯瞰过广袤非洲平原的女人，她的心灵空间有多大，我们无法想象。通过这本书，或许能体悟一二。她的飞天行踪，让我想起海子的诗句：你最寂寞，点亮灯火。

如果有耐心，读英文原书，体味真正美妙的词句，完成真正的身心投入。

危险的纳博科夫

纳博科夫的小说，不太好阐释，比如《洛丽塔》。一个小说人物的名字，成为一种社会认知：洛丽塔情结，和俄狄浦斯情结一样，都是伟大的。然而，通俗地讲，一个老男人与十二岁的小姑娘，说是因为爱情在一起，至今依旧令多少父母心惊胆战，令他们觉得这个世界的男人，尤其是那些上了年纪还盯着小姑娘目不转睛的老男人，该有多么危险。如果你已经做了父亲，生的还是女儿，再看纳博科夫的小说，还能不能保持年少时的冷静和迷热，会不会有些莫名的焦虑？要是女儿长大后，遇见这样的老男人，可怎么办？

一

说纳博科夫本人有潜在的洛丽塔情结，应该不算诬陷。在动手写皇皇巨著《洛丽塔》的十几年前，纳博科夫就写过一部同类的中篇小说，叫作《魔法师》，篇幅并不长，几万字而已，但内容的震撼性绝不亚于后来的《洛丽塔》，以至于纳博科夫自己都说一开始不喜欢这个故事，从而想销毁。结果当然是没有销毁，他怎么可能真的背叛自己。

一九四〇年写成俄文初稿时，小说还不叫《魔法师》，而是叫《沃尔谢卜尼克》，一个很俄式风格的题目。小说打印好后，一直被束之高阁，时间一久，连纳博科夫自己也忘记了有这回事。直到一九五九年，在《洛丽塔》出版四年之后，纳博科夫整理旧物时，于杂物堆里，重新发现了这部小说稿。重读后，纳博科夫觉得挺不错，还算是一个优美的俄文散文作品，至少行文晓白通畅。很显然，对纳博科夫而言，有了写作《洛丽塔》的非凡经历，再看《魔法师》，自然不会觉得有什么大不了的，所谓曾经沧海难为水。

纳博科夫承认，《魔法师》算是《洛丽塔》的前身。于读者而言，此话的意义在于告诉我们，这是一个酝酿已久的母题。纳博科夫很早就开始考虑写这样一个题材，一个不再年轻的男子与一个不大的性早熟少女的故事。很难说清楚，这个母题般的选题，与纳博科夫自身的经历有多大的关系，实在难以解释为一个偶然的选题。同样让人惊讶的，是纳博科夫先生会在《魔法师》里，建构出悬疑、心灵变异、恋童和自省精神混在一起的混合故事。它的多维度体现在小说塑造的这个老男人身上，但我以为这些元素恰恰欲盖弥彰，是纳博科夫先生的伪装，核心还是他内心深处欲遮还羞、难以启齿的某种恋童癖。要成为好的小说，光这点显然还远远不够，即这部小说、这个题材包括小说家本人还得走得更远。

《魔法师》的故事并不复杂，一个消瘦，嘴唇干燥，脑袋略微有点秃，精神异常的中年男子，一个偶然的机会，看见了一个十二岁女孩，内心汹涌的恋童欲望被激发出来。按捺不住的他，辗转打听到小姑娘的母亲是一个生病的寡妇。为了接近这个女孩，他竟然与病入膏肓的寡妇结婚。他曾经无数次一厢情愿地幻想，与这个漂亮的小姑娘共度良辰，为此期待寡妇早点死。后来终于如愿，寡妇死在医院里。他带着小女孩回家，在一家旅馆，在女孩子熟睡的时候，面对孩子如玉的身体，他终于走出了罪恶的一步，惊醒的女孩子发出撕心裂肺的叫喊，面对闻声而来的其他住客，他惊恐万分，朝外狂跑，撞上了一辆卡车，死了。

这个故事显然没有完全暴露纳博科夫的内心想法，面对这样非典型的题材，此时的他显得有所顾忌，于是将小说中的老男人设置成了一个精神失常者，一个变态的恋童癖，一个看上去似乎又在实行自我救赎的可怜虫。那个小姑娘是一个纯洁的天使，她漂亮、善良，对人无所戒备，对这个猥琐继父的底细一无所知，并且没有爱上他的半点可能，完全是一个受害者的形象。面对罪恶，读者自然容易产生情感倾向，同情受害者，仇视犯罪者。如此的情节设置，显然不同于之后的《洛丽塔》，如果说后者是双向互动的话，那《魔法师》中的男子纯属单方面的遐想，困于情欲的胡思乱想。至于他偶尔表现出的反省，比如丑事被发现后的慌张和选择死亡的决然，是可以看成人性的尚存，但这显然不是拔高小说意义的借口。

如果一次写作就是一次活着的话，那纳博科夫在《魔法师》里活了一次，继而在《洛丽塔》里活了第二次。在一个题材上，活过了两次，于写作者自己而言，堪称伟大。

二

对纳博科夫来说，《魔法师》是一次小小的练手，他还顾虑重重，没有施展开手脚，至少他还没有明目张胆地让小姑娘喜欢上老男人，更没有让小姑娘上了老男人的床。这为日后的《洛丽塔》敞开了一条路，尽管有人不愿意承认这一点。这篇《魔法师》就是演习，就是探路，是一盏泄露了纳博科夫内心情结的小灯，尽管它还裹着一层厚厚的世俗观念的外壳，加上没有发表，故而没有成为众矢之的。小说家在顾虑什么呢？说白了就是他没能找到理想的方式去洗白那些罪恶，不能很好地将自己藏起来。

仅就《魔法师》而言，即便发表也不会引来更多争议。纳博科夫小心翼翼，基本恪守了人伦道德，对欲望的放纵持有看上去还比较鲜明的反对态度。老男人在最后一刻，在女孩的尖叫中有所羞愧，出门就被车撞死了。这个结局，对老男人来说显然是一种惩罚，不妨看作小说家亲自主持的对小说人物的一次判决。在那样的情景之下，如果让老男人得逞，小说家得承受多大的压力，可以被指责为一种文学的纵容。当时的纳博科夫，显然还没有想好，该让小说往何处去。小说的戛然而止，来得恰到好处，是无比"正确"的选择。如果纳博科夫一旦想好小说的具体去向，那就意味着不管以什么样的方式，老男人的欲望都会得逞。事实上的确如此，事情在《洛丽塔》这儿轻而易举地发生了剧变。

在《洛丽塔》中，被撞死的是洛丽塔的母亲，那个可怜的寡妇，在发觉女儿和老男人的关系后，本想写信告诫亨伯特，谁知出门就遭遇了意外。小说的意外，都是小说家的安排。既是安排，就不会是没有来处，定是小说家心底的一种投射。纳博科夫不会无缘无故地让寡妇死去，她的“牺牲”为的是接下来小说的生长，即她的女儿如何在合理的意外中，得以施展蛊惑人心的魔法，让老男人亨伯特神魂颠倒。这是多么美好又匪夷所思的一种想象，甚至是一种幻想。一个十二岁的女孩，竟然主动挑逗一个老男人。这没什么奇怪的，谁让纳博科夫将话筒递给了罪犯亨伯特呢！他就是小说的叙述者，他自然会这样为自己的罪行开脱，说是小女孩挑逗的他，然后才是他爱上了她。话筒就在老男人手里，面对法官，他只能这么“说谎”，读者也知道他在说谎，法官也知道他在说谎，小说家自然更清楚亨伯特在说谎。问题在于，我们接受了这样的“说谎”，这便是文学的奥妙。谎言可以变成糖果，我们甘之如饴，我们相信他说的就是谎言，因为一个真实的叙述者，即便撒谎，也是真实的。纳博科夫深知这一点，当他发现亨伯特可以替他讲述，世界便完全敞开了。

《魔法师》就没做到这一点。作者选择的叙述视角，虽然也颇为独特，以老男人变异的精神思绪串起小说的故事，幻想、想象和处心积虑充溢着他的脑子，但小说家没有将话筒交到他手里，他无法为自己辩护。没有辩护的辩词，自然就失去了一种叙述的真实，即便是伪装的真实，一旦没被赋予叙述者的权力，就一无是处了，只能任人指点。

《洛丽塔》的范本意义，就在于那个被纳博科夫选中的叙述者，一个罪犯。一个写作者，找到了一个叙述者，就会找到第一句，然后就会滚滚而来无数句。一个已经被判刑的罪人，他犯下的所有错都将得到读者的豁免，那些不合理的、不道德的、畸形激烈的行为，都可以堂而皇之开口说话。我们无法指责一个罪犯是不是说了谎。他罪有应得，已经被判刑了。作为叙述者的罪人，说出来的都是他的罪行，属于呈堂证供。既是事实，且得到了惩罚。即便是警察，也无法对呈堂证供本身进行批评，说你的罪行犯得不高级、不合理、不科学。

纳博科夫称自己忘记写过《魔法师》，姑且信之，小说家的话嘛，该信还得信。不过，忘记并不意味着纳博科夫就不能在《洛丽塔》中写出相似的情节来。对照着读《洛丽塔》和《魔法师》，会发现不少有趣的地方。相似的主题不必多言，情节方面的相近则有待分析。同样是老男人喜欢上一个小女孩，在《洛丽塔》里，这个老男人变得更为"情深义重"，在洛丽塔长大以后，他的爱并没有因此熄灭，甚至为了捍卫这份爱，冲冠一怒为红颜，杀掉了情敌，被送上了法庭。这个罪人，成为纳博科夫的叙述者，一个合法的叙述声音，所有的变形、扭曲、焦灼和暧昧，由此都获得了安置的空间。

三

有建构就会有解构，有一次解构就会有二次解构。如果说《洛丽塔》部分地解构了我们对爱情的传统认知，那同样会有写作者对此进行再解构。意大利“怪咖”小说家，学者翁贝托·埃科先生，就干过这样的事情。他大胆地按照《洛丽塔》的感觉，虚构了一个叙述者，杜撰了一份来自监狱的手稿，戏仿了一个完全相反的故事——《乃莉塔》[①]，一个年轻鲜嫩的希腊美少年，爱上了一位风烛残年的八十岁的老太婆，并热烈地称之为“小妖婆”，此公后来也犯了罪，因为非法持有枪械和在禁猎季节打猎，被判刑入狱六个月。这个故事收在《误读》一书中，是调皮的埃科先生的无厘头神作。

埃科戏仿了《洛丽塔》的几个著名桥段。第一个耳熟能详：“洛丽塔，我的生命之光，我的欲念之火。我的罪恶，我的灵魂。洛——丽——塔：舌尖向上，分三步，从上颌往下轻轻落在牙齿上。洛。丽。塔。”看上去多么深

① ［意］翁贝托·埃科：《误读》，吴燕莛译，中信出版社2015年版，第1页。Umberto Eco的中文翻译有翁贝托·埃科、安伯托·艾柯两种不同的译法，为了文章统一，本文使用的是翁贝托·埃科。

情，多么感人，事实确实如此吗？埃科依葫芦画瓢仿写成："乃莉塔，我青春年少时的鲜花，夜晚的煎熬。我还会再见你吗？乃莉塔。乃——莉——塔。三个音节，第二和第三个音节构成昵称，仿佛和第一个音节相矛盾。"句与句间都有调侃和消解，令人捧腹。如此带有重复性的戏仿，将纳博科夫原本精粹有力的话语，不但无声地消解了，还由此发现了纳博科夫看似深情款款背后的一些不正经和隐藏的戏谑，那会不会才是纳博科夫的真意，一个正经的玩笑而已？埃科的戏仿，不是简单的无厘头，而是一种发现，还表明了一种态度。对一个文本进行解读，最有趣的方式就是照着他的方式，戏仿一篇，会有意外的收获。太严肃和太放荡的表达，都可能产生一种喜剧性。

第二个桥段就是神奇的三枪。《洛丽塔》中，因为洛丽塔被另一个油腻而变态的中年男人奎尔蒂抢走，亨伯特恼羞成怒，携枪闯进他家去算账。纳博科夫用了很长的篇幅，叙述了那个滑稽的猎杀场面。第一枪没打中，打在地板上，子弹消失不见了。关于这颗子弹，文论家特里·伊格尔顿表示纳闷，那颗该死的子弹到底去哪儿了呢？奎尔蒂申辩，说我没有玩弄你的洛丽塔，还加了一句令人沮丧的话，说我是个阳痿，根本不行。亨伯特自然不听，开了第二枪，也没打中。奎尔蒂继续求饶，承诺只要饶他一命，就把夏天和冬天都凉爽的大房子、一个长了三个乳房的年轻女子，还有他珍藏的独一无二的色情书籍，全部无偿地送给亨伯特享用。亨伯特经受住了诱惑，继续开枪，第三枪终于打中奎尔蒂的肋部，继而枪枪致命，最后，亨伯特还在奄奄一息的奎尔蒂身边，静静地坐了一个小时，等他死得差不多了才离开。纳博科夫显然有意为之，将一个杀人场面叙述得如此花团锦簇，又彼此瓦解，像一个好笑的游戏一样，本来应该血腥的寻常杀人场面，被有意插进来的糊涂话给解构了。一个面对枪口的人，逃命要紧，哪来这么多闲心喋喋不休，奎尔蒂不是没有机会夺门而逃。用特里·伊格尔顿在《文学阅读指南》中的话来说，这是英语文学中关于暗杀最古怪也最令人困惑的描写之一。古怪之处在于，枪击的受害者对于枪击居然采取一种荒谬的、装腔作势的态度，仿佛他是在为观众演出，正如小说家所做的那样。[①]

埃科的戏仿场景就简单多了：他二话不说，买了一杆猎枪，出发去找那个恶棍。他开了一枪、两枪、三枪，屡屡打不中那青年，直到最后，两个身穿皮夹克、头戴贝雷帽的牧师制服了他。相比纳博科夫的优雅从容，埃科简洁得几乎不像话，不但枪枪不中，还被牧师给逮捕了。显

① ［英］特里·伊格尔顿：《文学阅读指南》，范浩译，河南大学出版社2015年版，第230页。

然，埃科并不愿意让一场暗杀变成脱节的演出，也没兴趣接着玩纳博科夫的语言游戏。他近乎潦草迅速地解构了纳博科夫的“暗杀演出”，不管枪法准不准，干脆让他一枪都打不中，还让枪击的目标隐藏了，根本不做任何回应。

在《误读》的序言中，埃科将自己创造的这一叙述体裁命名为“混成模仿体”，“蓄意插科打诨、装疯卖傻”，虽然看上去不那么斯文体面，但埃科说，“如果新先锋派的作品在于把日常生活和文学语言颠覆得面目全非，那么插科打诨、装疯卖傻也应该属于那个活动的一部分”。作为一种写作风格，怎么谈论仿讽体的内在精神，言之为戏仿、解构、无厘头、搞笑，怎么说都不为过。正如埃科的提醒：绝不要怕走得太远。如果目标正确，它就是向人们预示了今后可能进行的写作。况且埃科自己就走得够远的。需要注意的是，作为学者的埃科显然不会仅仅为了插科打诨，就根据《洛丽塔》，戏仿一篇《乃莉塔》。

四

可以有这样一个故事。

我的一个警察朋友，给我讲过一个故事。他叮嘱不要讲出去，更不要写成文字，以防被当事人看见，来找他麻烦。为了扩大这个故事的教育范围，我冒着他被人打的风险写了下来。他是这样讲的：

你知道吗？一个人，在法庭上认罪时讲的话，都是真话。今年六月份，我审了一个案子。一个五十五岁的女导演，故意伤人。她有个名字：崔翠穗，你听听，三个字，舌头根本不用动，咂三下嘴，崔——翠——穗。别看崔翠穗都五十五岁了，却天生一双让男人欲望丛生的手。那双玉手，巧夺天工，小小的，嫩嫩的，还细长细长的，看上去就柔软无骨。这样一双手，要是轻轻握住男人的鸡巴，真让人受不了。看过电影《爱神》吗？王家卫导演的，巩俐用手帮张震手淫，在胯下来来回回抚摸，轻拢慢捻抹复挑，从此君王不早朝，太销魂了。

（他伸出手，比画着，喉结狠狠滚动了一下，咽了咽口水，似乎找不到更多的词来描述，就反复说了好几遍，嫩，真嫩，看着就销魂。他这么不淡定，我还是想不出那是怎样的一双手。我真的怀疑，五十多岁女人的手，能有多性感？爱上一双手？我不信，荒唐。然而朋友言之凿凿，又陶醉万分，我不好争论，且听他讲了再说。）

崔翠穗怎么会杀人，那小手怎么能伤人呢，哪儿来的力气！伤了谁？一个女护士，二十二岁。讲老实话，那个女护士长得很一般，很大众的脸，还没屁股。你说现在的女人是不是都老坐着，把屁股都坐平了，年纪轻轻就没屁股了。女护士不是应该走来走去吗？臀大肌有锻炼啊，屁股怎么也不圆。怎么伤的？直接用手掐脖子，第一掐，挣脱了，第二掐，还是挣脱了，第三掐，终于掐住了，女护士很快就翻白眼，直蹬腿，差点就咽气了。后来审了，问她为什么要往死了掐人，老女人那个冷静，一点都不慌乱，一副大义凛然的样子。知道她怎么说的？说是因为爱情。你说爱情背了多少锅。

崔翠穗告诉我，她单身大半辈子，谁知鬼迷心窍，喜欢上了一个年轻男孩，二十岁，不是什么男演员，就是他们剧组的一个管灯光的。我看过照片，没什么特别，就是鼻子大，特别大，像只小象。有一次，女导演在说戏，小灯光在旁边调试设备，不知道怎么的，一道光从崔翠穗脸上穿过，她下意识用手一遮。也是巧，一个摄影师随手拍了一张。一切都刚刚好，崔翠穗特别喜欢那张照片。光温柔地穿过她的手，形成斑斓的光影，一半光明，一半黑暗，明暗中的一双手。女导演就注意到了这个男孩，太会打光了。我挺纳闷，怎么会是小灯光？不应该是那个摄影师吗？照片是他拍的。反正，她动心了，就约聊，谈灯光，谈艺术，谈青春，然后就谈到了人生，谈到身心合一了。女导演说，在这个男孩身上，她很容易就有了。有了，是什么意思？这个我没细问。可是，男孩有女朋友，就是这个护士，她当然不乐意，有人把自己男朋友给睡了，还是一个比她老的女人。仗着年轻，她跑来问责，动起手来，结果被掐了。你问男孩在哪里，就在人群里，看着，拉都没拉一下。

这就完了？

完了。

奈保尔的嘴

要不要见作家本尊，得分人。有些作家的作品很迷人，但本尊故事寥寥，个人生活没什么传奇性，关于他的名字没有建立起可供谈论的文学形象。按钱锺书先生的经典说法，吃过鸡蛋，觉得不错就行了，未必要看下蛋的母鸡。我以为便是针对这类作家的。如果那只母鸡本身就足够迷人呢？就像有的作家，人本身都是其作品的一部分，譬如V. S. 奈保尔先生。

从我的经历来说，名字没有文学形象的作家不见也罢，熟读作品是最大的尊重。名字有文学形象的，就应该努力见一见。像奈保尔这样非凡又别致的人，作品迷人，本尊也充满魅力，见过和没见过还是不一样的。见过真神，就不会被小鬼忽悠了。见过奈保尔本人后，再读起他的作品，我脑子里就会想起他那种冷冷的面孔，以及他似乎等着看人笑话的微妙眼神，虽说感受有点诡异，但确实有些暗爽。

一

条件允许，要见就选作家们最好的年纪、最能说的时候，风华绝代，色不凋零，不然等到岁月摧残了皮囊，颜值下了降，就确实有些不堪入目。说作家的颜值，虽不免夸张，谁又不曾爱漂亮的人。第一次见到奈保尔的时候，我就大为感叹，真是见晚了，已经不是最风趣乃至最刻薄的年纪。听聪明人骂人，看智者训话，都是各种爽。实在没得选，来了就好，能见才是真。变老是自然现象，老有老的好处，自然也有坏处。人老了，要么就不乐意多说，要么就拼命啰唆，都挺让人操心的。

二〇一四年上海国际文学周，经多方协调，颇费周折，作为文学周的合作伙伴，出版方新经典文化联系了V. S. 奈保尔，他答应作为文学周嘉宾，携带作品《大河湾》奔赴上海。名满全球的印度裔英国籍作家，诺贝尔文学奖的获得者，八卦缠身又骄傲的小说家，经长途飞行，抵达上海。飞机一落地，奈保尔来了的消息就传遍了整个上海。八十多岁的奈保尔先生，带着老婆，一个相对于他的年纪算是年轻但姿色也正在自然地垮掉的女人，一起来到了上海。从面相来看，她是一个比较厉害善于张罗的女人，名字叫作纳迪拉，依然看得出来年轻时肯定也是妙人。为了方便讲述故事，就叫她家属。

谁也未曾料到，这个家属会在之后的上海之行中扮演奈保尔的嘴巴。奈保尔先生看上去并不拒绝这一点，似乎也乐得少说，让家属尽情发挥。家属也有此意，有时候主动拿起话筒，接过话头，根本停不下来。这个组合训练有素，经验丰富，显然走过不少场子。家属负责阐述、传递和举例子加以说明奈保尔的观点，奈保尔大多数时间负责严肃地闭嘴，偶尔点评下他家属的发言。有一位记者朋友在报道中写道："他只需要把自己埋在沙发和他那套好看的雪青色西装里，偶尔点点头。"埋在沙发里是真的，那套西服的好看也是真的，但奈保尔确实老了，也有点累了，没什么精神，有些枯萎。估计他也懒得和家属字字较真。总之，奈保尔一副面无表情的样子，眼神偶尔现出一抹犀利。要捕捉那稍纵即逝的犀利的光，那需要等待，像等待极光一样，需要运气，需要耐心，还需要一直盯着他看。

脾气也不是没有。在"诗歌之夜"的晚上，来自电视台的优雅女主持人，问奈保尔先生怎么看待诗歌在现代社会的意义。坐在轮椅上的奈保尔，缓慢地有点坏意地说，这个问题好大啊，我都不知道怎么回答，我不回答比较好。现场哄堂大笑，他话音未落，突然向主持人发问，那你觉得诗歌在今天的意义是什么？主持人显然有点意外，很一愣，但很快镇定下来，老老实实地开始答题。在奈保尔和上千读者面前，她用流利的英文说诗歌对每个人不一样，就像吃多了海鲜就要换换口味吃吃青菜，吃多了青菜要吃吃海鲜，云云。读者笑得更欢，气氛瞬间被点燃了。那一刻，大家似乎都意识到了，摇曳的女主持人被奈保尔以看似严肃的方式当众“调戏”了。读者显然很享受这种善意的“调戏”。如果当初主持人选择不答题，而是用奈保尔的方式回答奈保尔，譬如说，我无比认同您的观点，这的确是一个大问题，我们都不回答更好。那会是读者更乐意见到的，毒舌也好，吐槽也罢，棋逢对手才是大会，说不好奈保尔兴致一高，口吐莲花，妙词迭出也未可知。

对话，得对得上，对方才有话说。对不上，那就很遗憾，奈保尔毕竟不是来传教的，没有义务喋喋不休。就像他的杭州之行，与作家麦家见面，有记者注意到了奈保尔的少言寡语，从下午六点半到杭州，直到晚上十点吃完晚饭，拢共就说了六句话。关于这个数量，也有记者说是五句。不管是五句还是六句，总之谈兴不算佳。

对奈保尔来说，“调戏”真算不了什么，有兴致才有“调戏”，不然就是嘲讽，甚至咒骂。即便是诅咒，对奈保尔来说也都是小事一桩。英国《文学评论》杂志二〇〇一年八月号，该刊记者法鲁克·德洪迪采访了奈保尔。提及英国作家E.M.福斯特的《印度之行》时，奈保尔简直暴跳如雷，不但说该书通篇弥漫着一种撒谎的神秘，而且，“他（福斯特）鼓励人们撒谎。他是那种不知道印度人的人。他只知道宫廷和一些中产阶级印度人，以及他想诱奸的花园里的少年”。何其刻薄，对逝者尚且如此！要知道，福斯特逝于一九七〇年，是三十年前。福斯特生前写小说，也治评论，《小说面面观》就有不少拥趸，曾十三次被提名为诺贝尔文学奖候选人。奈保尔完全不避讳这一点，想说什么就直接说了，刻薄又任性，还能说什么呢。以至于记者无言以对，只好说，好吧，我们谈点别的。究其原因，也许是福斯特关于印度的叙述，让印度人奈保尔不舒服。一个自我的人，对这种不舒服有权利表达不满，哪怕此君死了几十年了，谁让他是奈保尔呢！

二

关于面无表情这一点，想必奈保尔的读者是理解并且喜爱的。读过奈保尔作品的人，多数不会把他想象成一个和蔼可亲的老头，也不期望见到一个言不由衷的八面玲珑的家伙。奈保尔的面无表情，很好地呼应了他的文学形象，就像我们不会把奈保尔的毒舌理解为装酷和卖萌，那原本就是性格的一部分。奈保尔从来就不打算修饰这一点，何况他认为真实就是最大的价值，他从不销毁以往的记录。

我们只能而且必须，将生活的奈保尔和文学的奈保尔割裂开来，况且生活的奈保尔只有家属和他本人知道。关于奈保尔的八卦新闻、个人喜好和花边新闻，也只有当事人熟悉细节，那些真正隐秘的细节。尽管在传记《如此人世间：奈保尔正传》中，性虐已经是公开了的事情，但当事人不张嘴，总是有不尽如人意的地方。即便当事人讲述，是否与事实完全一致，也未可知。奈保尔说，在情人玛格丽特身上，他所有的欲望和想象都得到了解放。他有两天对玛格丽特施虐，打得手都疼了，不过她一点都不在乎，说打她是因为对她有激情。该传记出版十个月后，玛格丽特写信给《纽约书评》，说法完全不同："奈保尔说我不在乎受虐，我当然非常在乎。"真相是怎样的？连当事人的说辞都成疑，自然没法断定。除非两个当事人同时承认，一个愿打一个愿挨，那又怎么可能呢！八卦的魅力正在于真假难辨，越不能判断真假，就越传得云舞飞扬，越能引发旁人的好奇心。八卦的传播也就全部在挤眉弄眼和会心一笑中实现。倘若真坐实了，也就成陈年旧事了。虽说谣言止于智者，但谣言也可能始于智者，沸腾于智者，这是一种沾沾自喜的趣味。

我们想象中的奈保尔不就是这副样子吗？拽拽的，少言寡语的，偶尔张嘴呛得你下不来台的，往文学的意义上说是机敏的、睿智的、刻薄的。奈保尔先生很好地扮演了这个著名角色，即便他这么老了，也丝毫不影响他对奈保尔这个角色的理解。他太清楚读者是如何想象奈保尔的，也太清楚表演是怎么回事，他深知读者都在暗暗地期待作家奈保尔说点什么，但他更加清楚，相比较说一点什么，不说或者少说一点更能让读者感到满足。没错，是满足，不是满意。与满意不同，满足是非理性的，是内心情绪的投射，读者不都是非理性的吗？倘若读者都像批评家那样怀着貌似严谨的审视的目光，作家真该挠头了，至少书的销量堪忧。

当奈保尔来到你身边，他是生活的奈保尔。当他远去，就成了文学意义上的奈保尔。生活是文学的演员，这句毫无道理的话刻在了奈保尔的表情里。没有什么比看到想象中的奈保尔更让读者满足的了。所以，老去的奈保尔需要一个家属代他言，最好是一个看上去聪明活泼表达欲强的女人，懂不懂也没那么重要，似懂非懂的更好。经过练习，奈保尔的家属的确做到了。以后人们谈起奈保尔的上海之行，显然必须会说到他的家属，并且是摇着头一副彼此心知肚明的样子，笑话笑话，开心开心。同样，想起这趟上海之行，没怎么说话的奈保尔大概也会笑一笑，开心开心。

三

孙甘露先生在长篇书评《像奈保尔那样谈论奈保尔》中谈道："读者真的应该考虑不要轻易和作家交朋友，如果是杰出的作家那更应该唯恐避之不及，问题是普通读者该如何选择呢？人们有兴趣的不外乎那些特殊的写作者，如果是不入流的，人们何苦操这份心。"关于观察细致、准确表达以及不留情面（未必是故意的刻薄，问题在于就算是故意的又如何）这几点，奈保尔先生可是毫不含糊，他作品里有无数的证据可以证明这一点。奈保尔要怼起人来，寥寥几句，就够人受的了。重读《米格尔大街》时，就想起书里面这些倒霉的家伙，生活中总有些原型，被奈保尔这么妙笔一书，不出意料地青史留名了。

奈保尔写过一个人物，绰号"鲍嘉"。电影史上的亨弗莱·鲍嘉，获得奥斯卡影帝，硬汉派演员代表性人物，被美国电影学院评为电影诞生百年以来最伟大的男演员。从文化意义看，鲍嘉不只是一个男演员，他还是一种符号，一个时代的审美趣味。在电影《卡萨布兰卡》里，鲍嘉饰演的男主角，因为冷硬的姿态，引得全世界的小伙子们纷纷仿效，印度人也不例外。奈保尔写的这个"鲍嘉"

什么样呢？让人忍俊不禁，“他眼睛很小，总是睡意蒙眬，脸很胖，头发黝黑发亮，手臂圆润丰满。可他并不滑稽。他做什么事情都不慌不忙，即使洗牌时舔一下大拇指的动作也十分优雅”。“他是我见过的最百无聊赖的人”，小说里这样总结。这个并不滑稽的百无聊赖的优雅角色，在小说里极具性格张力。

和作家做朋友，你随时可能被写进作品里，如果你有缺点，碰巧缺点群众又喜闻乐见的话，那躲避流芳千古的办法就是远离作家。当然，如果有奉献精神，想为文学提供活生生的资源，主动献身，也是功德无量。从文学形象史来看，讨人喜欢的文学形象多是野心家、缺德鬼、小心眼、二流子和有故事的女同学，正人君子多不受待见，读者自己看着办。复杂的坏人和单纯的好人，缪斯更钟情于前者，在这一点上，读者跟缪斯站在一起。奇特比正常有戏，复杂比单纯深刻。《米格尔大街》由十七个短篇小说构成，每个故事写一个人，每个能够独立成篇，又彼此连接交叉，撑起来就是一幅立体的生活图像。这个写法，看上去容易，但其实很难，因为没有谁能叫停生活。人物都是动态的，别人既活在你的生活里，你也活在别人的生活里。一群动态的人，写起来很考验功力，都得兼顾，所谓摆开八仙桌，招待十六方，来的都是客，都怠慢不得，厚待了这个，轻慢了那个，都是罪过。

这种写法让不少人上了当，乍一看这种写法简单，不就是一个一个人物串起来，然后织成生活的网吗？加上一些贫嘴和幽默的词语。后来者多是东施效颦。殊不知拆开的《米格尔大街》，篇篇都是精品，每一个人物身上都闪耀着光。不乏作者写得来沮丧，写得出失望，但没有几个人可以在沮丧失望之后，还能像奈保尔那样写得出社会背后那些个荒唐和绝望。《米格尔大街》的好，别致的结构形式是一部分，更主要的原因在于，奈保尔写的那些人，那些千奇百怪而性格饱满的人，一群富有生机的衰人们，一群正在被遗忘的人。

想起和一个青年小说家聊天，他说想学《米格尔大街》来写他自己成长的镇，写成一个系列，然后串成长篇小说。我自己不写小说，并不理解写作的难处，就自以为是地鼓励了他，说既然想学那就试试呗，不成到时候再换思路。现在想来，我应该说清楚，泼点冷水或许更好。学形容易，学意难。当然，鼓励和否定都是武断。看似善意的鼓励，其实是无意的唆使，唆使他去撞南墙，还可能一直撞，再也回不了头。鼓励有时候是有害的，且这种害处在受害者那里还会被认为是善意的。人人都爱听鼓励的话，写作者也一样。老实告诉他，别写了，反而会引发抵触，还以为小瞧了他。

泼冷水的理由就是，奈保尔说他是在写那些被遗忘的人。这是奈保尔创作《米格尔大街》的钥匙。唯有紧握这把钥匙，才可能开启记忆之门，不然只能在门口打转，不得其门而入。记忆，创作之源，尤其是那些被锁在心底洗刷无数遍的记忆，那些被历史和人们遗忘的事与人，唤醒他们，召回他们，以文字为他们塑形，正是作家的价值所在。有一种声音，说用文学对抗遗忘，这显得太过悲壮，也不免有些妄自菲薄。遗忘不仅仅是组织行为，我们个人也参与了其中。遗忘是某种不可逆的自然，甚至对抗遗忘的对抗也可能被遗忘，组织人们铭记的组织也可能淹没于遗忘。书写就是一种个人行为，所谓存在，就是对自己的交代。

特立独行的温特森

英国女作家珍妮特·温特森的特立独行是出了名的，在网络上随便搜索下，就有不少她无厘头的故事和传说，比如被问到谁是在世的英语文体家，她斩钉截铁地说，当然是我珍妮特·温特森了。对于别人的评论，温特森对抗起来也毫不含糊。

有人说她是当代最好也是最有争议性的作家之一。对于争议性这个说法，我们不妨这样解读，不仅她的小说内容和风格具有争议性，她的人生同样具有争议性，除了带着别人的老婆私奔，她干过的不靠谱的事儿可不少。据说她年轻时，有个书评人撰文批评了她的小说，她对此非常生气，认为对方误读了她，于是气冲冲找上门去，要与他理论，把对方吓得不轻。如此强悍的性格，给温特森的写作生涯涂上了神秘的色彩，尽管读者在她的小说中找不到正儿八经的故事，但在小说之外，温特森本人的生活就充满了各种故事。

温特森是一个特立独行的女人，她本人的生活相当具有戏剧性。在《写在身体上》的后记中，译者周嘉宁介绍说，温特森曾爱上过一个别人的妻子，并成功带着她私奔，展开了一段爱的旅途。私奔一事，在我们的历史传统中，主角多是男人，比如司马相如带着卓文君，李靖带着红拂。作为一个女人，温特森能够带着别人家的媳妇以爱的名义跑路，勇气不可谓不大。也许在英国，这根本算不上什么大不了的事情。作家尤其是女作家，不干出点出格的事来，不足以引起关注和争议，也不足以表明她的独特性。读者似乎也更容易宽容小说家的这种行径，不认为有违道德，反誉之为佳话。

二

相比于珍妮特·温特森更具思辨力度的小说《守望灯塔》，国内读者似乎对《橘子不是唯一的水果》《写在身体上》更感兴趣一点。这大概与小说中所写的同性恋爱情题材有关，也和文艺青年们非重即轻的阅读口味有关。

温特森非常清楚自己能干什么，她总是不断地告诫读者，她不屑于写完整的故事，她唯一在意的就是语言，如何穿花绕步，如何玩到极致，玩到读者迷迷糊糊。读者可不要被她骗到，其实，温特森一点儿都不轻视故事，只不过她追求独特的个性让她不乐意编织平庸而又老套的结构，只不过是温特森在故事的追求上更为极致罢了。如果她真醉心于语言游戏，她完全可以去写诗而不是小说。有心的读者完全可以在她的小说中发现，这个口口声声说不在乎故事的酷儿作家，是如何偷偷使劲并将故事讲述得缠绵悱恻的。

《写在身体上》的题材火辣深情：一个女生爱上了一个有夫之妇露易丝。你可以理解为作者的自传体小说，因为作者干过这事儿。这是一个老套的故事外壳，但温特森化腐朽为神奇，她要干的就是让你忽略这个结构。这个聪明的娘儿们好几次提到，她有一个女朋友，激情过后没多久就分道扬镳了。然后她不断对婚姻表示异见，“令人困惑的婚姻，向公众展示，并且免收门票，暗地里却早已被秘密的私通和不贞的勾当占据”。小说里的主角更愿意相信身体，她总是在寻找完美的结合，寻找从不休眠、永不停止的高潮和狂喜，又总是伤心地结束一段段多少又让她留恋的恋情。

后来她遇见了露易丝，小说真正开始了，温特森的文字欲望开始爆发了。露易丝是一个幸福的已婚女人，有一个规规矩矩的医生丈夫，她聪明伶俐、美丽大方，让小说主角疯狂地爱上了她，以至于看见她在喝汤，都能这样想：“当她把汤勺举到她的嘴唇边时，我多么希望自己能够变成那片无邪的不锈钢铁片。我愿意把我身体里的血液换成蔬菜，让我变成胡萝卜，让我变成通心粉细面条，这样你就能把我送进你的嘴里。”不用说了，这是一个恋爱中女人的思维，对于温特森而言，对语言文字的敏感是与生俱来的天赋，在灼热的爱情中间，作者表现得像一个诗人，如痴如醉，佳句迭出。当然，故事没有这样顺利，露易丝的老公发现了她们之间的私通，于是她们私奔了！

私奔，一个多么魅惑人心的词语，热恋中的人因为对抗既有的生活和道德秩序，愤然携手出走，寻求爱的自由。但无论是生活还是小说，总有偶然和意外，露易丝生病了，还可能是癌症，于是私奔结束了。露易丝的医生丈夫以露易丝回家更有利于治病的借口，让小说主角自愿放弃，痛苦，绝望，无能为力，束手无策，这也让小说闯进了一个新的路口，一个完全展示温特森智慧和创造力的玫瑰园。

这个玫瑰园就是由思念铺陈而成的独特情书，当思念如潮水般涌上来时，天才的温特森创造出了别具一格的思念叙事。她对着记忆中露易丝的身体说话，从细胞、组织和系统，到皮肤、骨骼、听觉、鼻子、味觉和眼睛，温特森肆意地毫无保留地展现了灼热的爱，喃喃自语，用诗一样的迷人语言，以歌颂般的态度，诉说欲望和衷肠，忧伤而又狂热，迷离而又焦灼。她就像一个画家，用语言这个画笔，细致地描绘了露易丝身体的每个细节和私密的角落，甚至毫不掩饰来自腿间的味道，展示她们之间疯狂的情欲，这些散发出情欲味的文字让人血脉偾张。倘若独立出来，也是极为美妙的诗篇。这几十页关于身体的情书，是全本书的精华，完全展现了一个敏感的小说家对身体接触的细微感觉如此准确，对语言的召唤如此得心应手，这也是此书为何叫作《写在身体上》的缘故吧！不得不提到译者周嘉宁的功劳，这个毕业于复旦大学与温特森有着相似内在精神气质的青年小说家，将这部分内容传达得如此准确到位，成功地译出了温特森文字中的精气神。

温特森让我相信，有些天赋与生俱来，她对小说故事的理解，对爱的另类表达，对女人与女人之间情感的捕捉，对语言的驾驭，都显示出她的独特气质。爱情需要表达，恰到好处的爱情需要恰到好处的表达，哪怕温特森的爱情浓烈、决绝，甚至稍带病态，都不应该保持静止、沉默，不仅应该被看见，还应该被听见，任何躲避爱情的途径，都得感到羞耻。或许温特森不是一个合格的恋人，爱到浓时，恨不得吞骨扒皮，恨到深处，恨不能将之碎尸万段。她的每一次受伤，对文学界都是善事，伤得越深，她留给我们的作品就越动人。

二

读过《橘子不是唯一的水果》的读者，想必对温特森独特甚至离奇的叙事方式保有印象，她大胆地使用了童话寓言和圣经故事，来修饰调整小说的结构，顺便也增加小说的思想含量。在小说中植入这些元素，本不是什么新鲜的做派，但温特森的插入方式显得随意而又充满创意。就我仅有的阅读经验而言，温特森就是故意这样干的，就是忍不住嘚瑟了两下。炫技就是她的标签，是她的嗜好。自信和才华让她无所畏惧，操纵文字随心所欲。

在《激情》里，温特森自然也不会放弃她摆弄小说技巧的嗜好，她技痒难耐，就像一个足球狂人，看见了足球，不颠几下简直就受不了。温特森几乎是迫不及待地向读者展示她对小说结构、人物以及叙述时空的理解。她也理所当然地认为，有素养的读者应当对这些充满期待。如果说，小说技术方面还难以举例子论证的话，那温特森脑子中噼里啪啦蹦出来的小想法，折射的就是她自己的思想见识。如果你是段子控的话，你会很幸福，温特森就像织微博似的，将她的思想编成很多段子，比如“什么是敌人？就是不跟你站在一边的人”“一旦你成了征服者，就没人再跟你站在一边了。你的敌人要比你的朋友占据更多的空间”。

对于文学评论家们的批评，她同样秉持批评态度，更别说去讨好他们。她要的是自由，不但包括无视小说陈规自由地表达，不顾他人非议地结构故事，也包括对自身写作的自信。根本上，她并不认为评论家比小说作家更为高明，温特森的这份自信当然不是盲目的自大，而是对当下写作形式的了解，她很清楚她的写作对文学具有怎样的重要性。至于小说语言，更是温特森安身立命的利器，读过她小说的读者，感受最为直接的便是温特森的语言，像诗一样干脆纯粹，像音乐一般充满律动，又有跳跃性。

在《激情》里，温特森就玩大了，她不但将法国历史搬进了小说，还把主人公设置成了拿破仑——嗜鸡肉如命的拿破仑。开篇便让读者陷入异样的现场，烧热水，准备鸡肉。荒谬、突兀、扯淡？是的，有这种感觉不奇怪！可是你面对的是温特森，那你就得相信她的写法，她肯定是有所用意，但凡伟大人物总有一些奇怪的嗜好，拿破仑无休止地喜欢鸡肉，这就是激情的一种。温特森甚至不忘就历史也发表一下看法，她告诉读者，任何将拿破仑的失败归结于天气或者傲慢的说法都是扯淡。

说话要负责，她用小说人物的思想变化来证明这一点——拿破仑是被人民抛弃的，而不是被天气灭掉的，崇拜他的子民原以为拿破仑会让所有的战争结束，继而开创和平盛世，但持续八年多的战争让士兵们开始感到绝望，从而认为发动战争只是为了实现拿破仑个人的荣耀，而士兵仅仅是为了生命而战斗。至于为何愿意跟随拿破仑发动战争，那是因为“我们是一群淡漠的人，我们对自由的渴望就是对爱的渴望，如果我们有足够的勇气去爱，就不会如此看重战争”。这句话非常重要，是理解这部小说的一把钥匙，对自由的渴望就是对爱的渴望，归根到底，一切都是爱惹的祸，这就是温特森式的历史观，也是她爱的思想和生命宣言。

在温特森的小说里，爱情自然不可或缺，尤其是同性之爱。书中爱情的出场方式有点特别。男主角亨利背叛战争，因为他“想去任何一个充满爱的地方，我要像那些洄游的鲑鱼一样坚定，寻找爱的踪迹”，当他在军营中遇见了被卖入军队充当将军们玩物的维拉内拉，爱上了她，决定当一个逃兵，带着这个女孩逃出军队，奔向迷宫之城威尼斯。同拿破仑痴迷于发动战争一样，为爱疯狂当然更算得上是激情表现。随着他们的出逃，小说也由此从历史真实向魔幻现实风格转移，温特森的文学天才也开始真正燃烧起来，一如熊熊火焰按捺不住。在逃亡的路途中，作者用了不少的插叙方式来讲述这个女人的故事，想象力之丰富，情感之细腻，叙述之冷静，语言之温情而又忧郁，让人对这个赌徒、异性恋、观察者、长着脚蹼的女人生出浓厚兴趣。有两段故事绝对精彩，不提可惜。

一是同性恋，即“拉拉情结”，“女同”这个元素在温特森的小说中出现过很多次，这也是她被称为女权主义者的一个原因。但温特森太善于书写女人间的爱情故事了，小说中维拉内拉与黑桃皇后的同性之爱，被写得唯美而又哀伤，如歌如诉。她这样喃喃自语，“她抚摸我的时候，我知道自己是被爱恋的，我能感受到一种之前从未感受过的激情”。她们在一起待了九天，但没有第十个晚上，因为黑桃皇后依然爱她的丈夫，与维拉内拉的激情爱恋只不过是生活中的小插曲，她还没有为了同性之爱抛弃家庭和丈夫的勇气。这让维拉内拉无限伤神，决定嫁人以摆脱煎熬，也从此将心藏了起来。这对于亨利来说却是灾难，爱人封闭的心如何才能打开！无论他怎样努力，都无法让维拉内拉爱上自己。于是他情愿在牢狱里守着孤独，也不愿意出来与她共同生活。温特森对同性恋的认可成了小说中最富有激情的内容。

第二个内容就是赌博细节，小说写到维拉内拉在赌场里做工时，写了两个拿性命做赌注的赌徒进行的一场对决，这短短的几页我认为是温特森少有的精彩动作场面，紧张，刺激，却又舒展，开合自如，残酷而又绝望，只是篇幅稍少，很不过瘾。如果往大了说，整个故事也是赌博，从军队出逃，到威尼斯寻找心魂，爱是否会重新点燃，等等，都是未知数，都是赌博的形式。

三

人物，到底还是小说的一个重要元素。优秀的长篇小说，除了可能给人好故事，也要留下鲜明性格的人物。《激情》中三个人物都富有激情，拿破仑痴迷鸡肉，对战争怀着迷恋，极其享受战争带来的成就感，将数以万计的法国青年忽悠上战场送死。维拉内拉钟情于同性女子黑桃皇后，缠绵过后遭受拒绝，伤心欲绝，为此将心藏了起来。逃兵亨利疯狂地爱上了维拉内拉，为此还杀了她蛮横无理的前夫，甘受牢狱之灾。我个人很喜欢亨利这个角色，有着普通小士兵的弱点，有着对爱的期待，也有勇敢的时候，最有意思的是他最后拒绝出狱。这是一个形象饱满的人物，所谓饱满，就是立体，有其为人的复杂性和丰富性。

当然最富有激情的还是作者温特森，习惯慢热后在编排故事、塑造人物、吐露思想心声中享受自由。这份随心所欲是多少写作者梦寐以求的特权和能力。如果你以为本书只是历史小说的翻版，以为历史只是一个时空线索的话，那就低估了温特森无拘无束的创新热情了，她在《激情》里加入了魔幻现实主义的元素，比如将威尼斯塑造成了一座水上怪城，在温特森的笔下，威尼斯是迷宫，是伪装之城，是魔都，是神秘之城，又具有魔幻色彩。

不过，好心提醒一句，如无耐心，还是慎翻此书，没有足够的时间和足够平静的心情，难以体会此书的好。如果你能体悟这句话："爱，他们说，使人成为奴隶，而激情则是魔鬼，有多少人曾为爱迷失。我知道这是事实，但我也知道如果没有爱，我们将在生命的隧道中摸索，永远也不会见到阳光"，你便读懂了这部小说。

笑谈归笑谈，但我们也得承认，大多有个性的作家，尤其是女作家，多有常人不及的天赋才华。毫不夸张地说，温特森的每一部作品都与众不同，各具特色，从《橘子不是唯一的水果》，到《守望灯塔》，到《写在身体上》，再到《激情》，温特森不知疲倦地尝试小说新的写法，也总取得成功，结果都具备相当的水准，难怪她会如此狂妄，自命不凡，因为她有狂妄的资本。在文学界混，归根到底还是要看作品，作品牛，自然就会引来别人的关注。作品层次低，闹再大的动静，也不过是浮云，总是要销声匿迹的。文学圈的泡沫现象，一旦被戳破，便永无翻身之日。

福楼拜的鹦鹉

青年作家常被批评不关注现实，不关注时代，不关注生活，这当然是一个偏见。

哈罗德·布鲁姆有个观点，现代短篇小说的创作有两个传统，一个是卡夫卡和博尔赫斯的传统，另外一个就是契诃夫传统，可以唤作现实主义，或者遵从现实生活逻辑的写作方法。卡夫卡的传统到现在正在慢慢消失，写作到最后就接近于哲学的边界，用文学方式讨论的问题和用哲学方式讨论的问题慢慢趋同。所以布鲁姆把乔伊斯这样的作者，也归到契诃夫的传统中来，当然乔伊斯不一定会同意这样做。如果从契诃夫传统的角度看待当前青年作家的创作，基本上都是现实主义，与生活有着密切的联系。当然有一个必不可少的前提，我们不纠结于现实和现实主义是否真的指向两条道路。有了这个基本判断，我们才能准确地谈论其他的技术问题，譬如如何进入传统的现实生活，如何进入超现实的虚拟生活。

关于社会和现实生活与文学的关系，《文心雕龙》里面有专门论述，有一章叫时序。时序所论述的基本问题，就是写作和社会变迁、现实生活之间的关系，所谓“文变染乎世情，兴废系乎时序”。世情与时序这两个词，有中国传统文论的风格特点。时序怎样，与国家相关，也与国家高层的文化倡导有关。世情如何，与社会生活的流动变化紧紧相关。无论是中国传统文论还是西方文论，不管是现实主义写作还是现代主义作家，在处理个人写作与时代的关系时具有共识。诗人奥登就认为，就作家与其所处时代的关系而论，卡夫卡完全可以与但丁、莎士比亚和歌德等相提并论。有了这个共识，我们才可能修订不必要的偏见，不会轻易而武断地说青年作家不关注现实、时代和生活。

一

如何面对现实生活，如何发掘书写生活中的崇高和力量，如何面对现实中的幽暗和苦闷？得忠于某些事实，忠于某些情感，也忠于幽暗的自己，从而找到孤独个体与现实生活相连接的通道。最近在读几位青年小说家的作品，发现他们各自都建造了有效的密道。哲贵写了一系列商人小说，他不仅写清楚了商业的内部，写清了金钱是如何来的，商人是怎样成长为商人的，现代意义上的商人将遭遇哪些精神困境，更重要的是哲贵用这些语境，准确地回应了一个小说家与时代的关系。董夏青青的《科恰里特山下》，将眼光放置在戍边的军人身上，发现身处特殊情境（不平常的生活）中的平常人性，这部分人性既有始于责任的力量，又有遵循生活河流本身的明亮。在周嘉宁的小说集《基本美》中，我感受到了不一样的力量，那些与时代保持着"脱臼"一般联系的年轻人，经历着疼痛，渴望靠近，客观上又有疏离。他们在以不同的方式，回应个体与时代的关系，这是文学自身的必然需求。必须说到王占黑，这个被不断强调的年纪轻轻的90后小说家，写了一批关注社区老年人生活的小说，个体经验与公共经验看似不相交叉，但依然在以她的方式回应时代，甚至回应一种文学传统，那是沈从文的传统，即关照和敬仰那些普通人，即便他们已然老去。

一个作家面对现实生活，保持忠诚，写作才可能变得真诚，才可能捕捉并点亮那些生活细节，同时赋予这些细节力量和意义。盖伊·特立斯的非虚构《被仰望和被遗忘的》，写了无数的纽约普通人，其中有一个在联合国旁边刷鞋的人，这个人会用二十七门语言做生意，用二十七门语言只会说一句话：先生，擦鞋吗？一个细节对一个作家的重要性，在不同作品中的反映完全不一样。

比如契诃夫的《牵小狗的女人》这篇小说里，两个私通的人初次见面，这个女人牵了一只小狗。男人主动有意无意地逗弄它，并问女人可以给它一块骨头吗？故事由此开启了，一只小狗和一块骨头，让两个人产生了联系。如果没有这只小狗，这对男女也许不会如此合理地说上话。还有福楼拜的中篇小说《一颗纯朴的心》，堪称超越时间的经典，写尽了时代中普通人的生活。福楼拜在小说中写了一只鹦鹉，就是那个老仆人喜欢的鹦鹉。老仆人忠心耿耿，一生都听主人的话。女主人说什么，她做什么，就像鹦鹉一样，学说主人的话。鹦鹉真的没有自己的想法吗？老仆人也没有自我？显然不是。鹦鹉由此成为谈论福楼拜其人其作无法忽略的经典细节。为什么是鹦鹉？有何象征意义？英国作家朱利安·巴恩斯注意到了这只鹦鹉，并专门写了一本书，就叫《福楼拜的鹦鹉》，从鹦鹉开始以小说的方式为福楼拜立传，也探索福楼拜的心灵世界和小说技术。

一个称职的评论家，得有能力发现契诃夫的那只小狗，发现福楼拜的那只鹦鹉，发现纳博科夫的子弹（就是《洛丽塔》中那神奇的三枪），就像我们面对青年作家，同样需要发现青年作家和这个时代建立联系的细节和通道。他们通过什么样的媒介和社会发生关系，和时代发生关系，也和我身边的生活发生关系，以及用什么样的方式表现出来。对青年作家来说，构造这些细节恐怕不仅仅事关才华，也事关小说技巧。譬如我们现在过于强调个人经验，但是经验和小说之间就隔着一个技巧。经验能否变成小说，需要技巧的助攻。何况经验因为时间的加速度，其价值变得不如从前。

二

在本雅明的《讲故事的人》后，很多作家都说自己是个讲故事的人。

有点误会，显然有别，小说家不是讲故事的人，而是创造叙述者的人，由叙述者去讲故事。只要叙述者成立，其他也就成立了。创造叙述者就是一个技术活儿，就是小说家的关键工作。讲故事的确是一个传统，在经验无法共享的时间中，故事可以承担经验分享、知识交流以及道德教化的作用。如今经验共享变得随处可行。

问题在于，如何编一个故事现在变得过于迫切了，以至于编剧出身的罗伯特·麦基撰写的《故事》成为小说家写小说的案头指南，这就多少显得本末倒置乃至有些滑稽了。尽管麦基说过一些深刻的话，如“故事是生活的比喻”，“你的才华会被无知饿死”，等等，但这并不意味着将小说与故事等同起来，那些被编织出来的欲望、困难和突围，以及花团锦簇、跌宕起伏的情节，和小说所要求的内容并不等同，甚至背道而驰。

故事依旧盛行，故事术广受欢迎。紧张的、匪夷所思的故事依旧源源不断地被编造出来，有的故事还被认为是想象力的一种飞跃。特别是看似基于现实的某类故事变得越发魔幻。詹姆斯·伍德在《不负责任的自我》一书中，有一篇“歇斯底里的现实主义”，对这类故事提出了激烈的批评，甚至不惜冒犯拉什迪、扎迪·史密斯、品钦和福斯特·华莱士等一群大佬。伍德认为他们不停地讲故事，故事中套故事，不惜一切代价追求活力，永不停歇地讲故事，炫耀故事穿行的繁忙和拥堵。一出生就在婴儿床上弹空气吉他的摇滚巨星（拉什迪）；一只会说话的狗，两盏会说话的钟（品钦）；一个名叫轮椅刺客、致力于解放魁北克的恐怖组织和一部很感人、看了它的人都会死的电影（华莱士）。这些情节在伍德看来，根本不是魔幻现实主义，而是歇斯底里现实主义，算不上是伟大想象力的证据。这些非人的故事，在借用现实主义的同时似乎在逃避现实，成了想象的道具，意义的玩具。

过度讲故事的表现还在于，苦心孤诣地给小说人物牵线搭桥，让他们产生联系。不是没有人物，就是人物没有生活。离群索居的现代生活似乎在他们身上不构成影响，即便深宅也会被小说家精心炮制的线索拉出房间，与现实生活中八竿子也打不着的人进行接头。越复杂烦琐的线团，缠绕得越紧，生活就变得越戏剧化，就会深得电视导演们的认可：多么有想象力，多么有故事，多么有戏剧性。故事变成刺客，成功地干掉了小说。即便是电影本身，过于强调故事的完成度，也引发了人们的忧虑。导演蔡明亮在《一念》这本书中，就拿那些过于强调剧情的电影开刀。电影中的剧情，就是小说中的故事。蔡明亮认为，过于追求剧情，使得电影没有时间让观众思考。观众根本来不及思考，也没有思考进入的空间。观众容易从长镜头中，即那些拉长的镜头中，捕捉到自我思索的线索，从而获得电影和自我相沟通的契机，犹如一道门。从这个意义上讲，拥挤迅速的故事，同样无法营造一道让读者进入的门，而止于故事本身的消遣和刺激。

詹姆斯·伍德的话不无偏激，这位以学识和敏锐出名的评论家，并不在乎他所批评的小说家们的反应，事实上他不过是借助他们的作品，抒发自己的思想，扎迪·史密斯不幸地被他用作了论据。关于扎迪·史密斯的创作，比如《白牙》当然可以另外看待，但这不影响我们做出一个基本判断，当故事变得越来越荒唐，催生的未必是荒诞的批判，也可能降低了小说的冲击力。就故事而言，相比难以置信的可能，令人信服的不可能更令人期盼。我想起《追风筝的人》作者胡赛尼的一个观点 :“我感兴趣的是那些完全不可能发生的爱。” 不可能比可能更有现实意义。小说家迫不及待地通过情节和偶然的遇见，让小说人物产生联系，遭遇可能的相撞。没办法，没有关联的故事不成为故事。也不知道是小说家带坏了读者，还是读者引诱偏了小说家。

当故事只是故事，我们可以肯定，它离现实很远，离生活很远。或许一开始，当故事被设想时，就不是为了抵达现实并试图超越现实生活的，只能落后于现实，或者和现实无关。

三

想起一篇难忘的小说，森村诚一的《偶然的杀念》。这个擅长写推理犯罪小说的日本小说家，有着不一般的本事，能将类型的犯罪故事写出文学的质地。

一个杀人犯夜里闯进了一户人家，只有女主人和孩子在，丈夫值夜班不在家。为了保护自己和孩子，内心慌乱不已的女主人强迫自己镇定，不敢报警，不敢叫喊邻居，不敢触怒这位年轻的杀人犯。这都是人之常情，当平常人陷入不平常境遇中，会发生什么事呢?

在来来回回的交谈中，青年人慢慢放松了下来。女主人说，我们是工薪人家，存不了多少钱，我都可以给你。女主人还为他做了一碗饭，用家里所剩不多的食材。年轻的杀人犯，之所以强调他年轻，是因为年轻人的犯罪本身就有偶然的因素。年轻，不常与处心积虑相关。真正可怕的是精心谋划的犯罪，毫无退路的毁灭和自我坠毁。

就在年轻人松弛下来的时候，隔壁女邻居来敲门，说家人不舒服来问问有没有药。这是一位好打听是非的家庭妇女，看到了门外的那双男士鞋子，自然就问家里来了人啊？女主人慌忙说，没有没有，那是我先生的鞋子。因为孩子还在里屋，她不敢说家里闯进了一个陌生人，怕杀人犯伤害孩子。女邻居的出现多少有点意外，就生活逻辑而言，她出现得很准时。这不仅仅是小说家的情节设计，作为小说事件本身，此处也需要出现一点不可控制的东西，一个好搬弄是非的目击者当然是最佳选择。

等女邻居离开后，杀人犯也离开了，女主人送了他一些钱，他准备去自首了。这个结果并不意外，对于杀人犯来说，他并没有决定要第二次杀人。他只是因为年轻，在犯下了罪之后，无处可去，需要一个安定的倾听者。如果只是到这里，小说已经很好了，两人来往的对话已经足够具有张力。仅仅这一层张力，能让森村诚一满足吗？好的小说家会接着尝试打开第二层张力。

于是女主人陷入沉思，她知道女邻居明天一早就会搬弄是非，说她家里来了别的男子，那双男人的鞋子是证据。这条是非几乎会毁了她的家庭。对于一个先生长年在外值夜班的女人来说，夜里来了一个男人，百口莫辩。如何化解？她想到了报警，为的是刷清误会。这第二层张力，将紧张由原先的杀人犯和女主人的对峙，瞬间转换成女主人和女邻居间的较量。事实上，也是个体名誉与群体传统认知间的冲突。

如果报警完成，误会将会被代表某种权威的社会力量（警察）化解。第三层张力随之出现了。女主人完全没有想到的是，这个杀人犯并不想要女主人的钱，原路返回了，打算还给她，正好听到了她的报警电话。信任瞬间崩塌，凶心陡起。第二天，新闻出来了。一个杀人犯，在杀害继母后，又杀掉了一户的女主人和孩子。

刚好听到谈话。这的确是一个看似老套的偶然情节。问题不在于这个套路，而在于杀人犯的折回，这才是小说家的匠心所在。他的回来，正好说明了第一层张力的恰到好处，即女主人自保处境下的言语，触及了一个人的基本善念，脆弱的善念。

小说题目是《偶然的杀念》，偶然的魅力并不在于无中生有的巧合。这看似偶然情境下的事件，多少意味着在真实的现实生活中，杀戮并不总是精心策划的。就像加缪在《西西弗神话》中讲的那样："世人极少深思熟虑而后自杀（但不排除假设）。激发危机的起因几乎总是无法核实的。"有很充分的理由去自杀，就会有理由把他拉回来，这种事情天天在发生。除非有冲动，譬如突然受辱了，绝望的人得不到安慰反而受到了嘲笑，加缪就此说过一句无比透彻又戏谑的话："应当弄清楚出事当天，绝望者的某个朋友是否用满不在乎的口气跟他说过话。此人罪责难逃。因为这足以把他逼上绝路：所有未了的怨恨和厌倦统统促他坠入绝境。"

森村诚一的这篇小说中，偶然的杀念是一个意外，又是必然的、难以回避的意外。这就是小说的魅力，相比难以置信的可能，令人信服的不可能才是小说家要关注的。辛苦建立的信任在什么情况下会坍塌？流言蜚语的破坏力有怎样的缘起？她如果不打这个报警电话，会有怎样的后果？女邻居散布的是非口水会淹没她吗？她的丈夫会信任她吗，她说得清吗，一个老公常年上夜班的女人，门口突然多了一双别的男人的鞋子？

灾难有时候就是命运拨错了电话，就像小说中的女主人，为了保护孩子和自己，想了多种办法与罪犯周旋，依旧难以克服内心对名誉遭受非议与损伤的恐惧。这三层张力既展示了小说家的谋篇布局，根本的还是展现了设计之外的偶然。这是我喜欢短篇小说的原因，被小说家照亮的那一刹那，有着无穷的可能，可能是柳暗花明，也可能是深渊。是的，那种你一旦凝望着就无法逃脱的深渊。

四

我们今天讨论的现实都只是文本当中的现实，包括传统概念当中的现实，都是建立在现实生活的这个维度基础上。但是今天的现实生活已经发生了巨大变化。

如果说面对传统意义上的现实生活，作家还有许多有效的办法。面对超现实的生活呢？比如发生在虚拟世界中的生活和日常，尤其是现代人通过智能载体进入虚拟世界，进入游戏世界，并且在那里构建日常生活开展对话生成故事时，即当虚拟世界变成真实的一部分后，小说家的确还有功课要做。因为契诃夫的小狗、福楼拜的鹦鹉，这样具有文学意义的载体，可能就变成了虚拟现实中的一件游戏装备。

我看过一个发生在游戏世界里的故事。天才小熊猫是一个游戏角色。一天深夜，小熊猫无聊地行走在游戏世界的街道上。屏幕上出现一个对话框，有个人喊他，说哥们儿你看我一下。小熊猫四周看了看游戏世界，没看见附近有游戏人物，就问谁啊，你在哪呢？对方说，我就在你前面的角落里，你爬上城墙往下看，就可以看到我了，求你过来帮我个忙。小熊猫很诧异，爬上城墙，往下一看，果然看见一个游戏角色待在里头，昵称显示叫王小二。那是一个街角，被道具箱子围住，形成一个死角。王小二见到小熊猫，很开心的样子说，哥们儿，我被困在这个角落里，出不去，能帮我一下吗，把我弄出去？天才小熊猫很好奇，问他，你没事干吗要跑到那个角落里去？王小二回答，我就是打游戏，打着打着，很无聊，突然发现这个角落，我就很好奇那会是一个什么地方，然后我爬上城墙，就看到了这个死角，我鬼使神差想尝试一下，跳下去会不会摔死，然后就跳了下来，发现自己没有摔死，但是悲剧了，也出不去了，无论怎么跳，都跳不出这个死角。

很显然，那个角落就是一个场景，是一个被游戏设计师本能地忽略的存在。游戏设计师根本没有想到，真的有人会这么无聊，专门爬上屋顶，跳进那个死角。这个bug不是设计师的错误，就是一个巧合。王小二舍不得扔掉这个账号，只好不断发出呼救信号，根本没人理他。两个人就商量怎么出去。小熊猫问，你说我们怎么办呢？王小二说，游戏中不是有一个传送轴嘛，你把传送轴传给我让我出去。玩过游戏的人都知道，传送轴是一个游戏道具，可以把游戏角色从一个地方，瞬间移动到另一个地方。可小熊猫发现距离还是有点远，传送轴给不到王小二。小熊猫说，这样吧，我跳到你旁边的箱子上，把传送轴给你。不等王小二答复，小熊猫就纵身一跳，悲剧的一幕发生了，小熊猫也掉进了这个死角。游戏设计师大概也没想到会有人跳到这个地方来，根本没有设置程序。王小二惊呆了，更悲剧的是两人发现传送轴在这里根本不起作用。两个人无比沮丧，想了各种方法继续跳，根本不行。两个游戏角色身材都比较高，也爬不到对方身上，根本跳不出去。

就在陷入死局时，王小二灵光一现，想出了一个办法，说哥们儿你等等，我重新去建一个新号，然后选一个矮一点的角色，让他也跳进来，咱们不就能踩在他身上跳出去了！王小二果然聪明，随后他就去重新建账号，昵称叫作“拯救逗比专员”。一个小时后，专员到了，果然很矮，一看就很容易爬到他身上去。矮矮的专员爬上城墙，悲壮地从屋顶往下一跳。这一跳很有壮士一去不复返的气势。结果更大的悲剧出现了，因为那个死角空间有限，里头两个游戏角色又是高大型，余下的空间非常有限。王小二选的那个游戏角色，矮倒是很矮，可是太胖了，这一跳根本落不了地，就生生卡在小熊猫和王小二两人的头顶上。神奇的一幕就这样出现在了游戏画面中。一个矮胖子下面立着两个人，都被困住了。后来，小熊猫和王小二自然都放弃了账号。如此一来，这三个游戏角色就成了不动的风景，久久地矗立在那里，路过的人大概都不知道这里曾经发生过怎样荒唐的故事。

关于这个游戏故事，有不少想法可以讨论。这个故事算是现实吗？发生在网络游戏世界的事情算是生活吗？那个被游戏设计师所忽略的bug算不算现实？这个游戏bug意味着什么？bug如果是一种隐喻，传统的现实生活中就没有吗？一个小说家如何发现那个bug，并在bug里找到深陷其中的人和事？bug不一定是典型的，也可能不是普遍的，甚至可能就这一个。传统现实生活和虚拟现实生活，在未来会不断地趋同。那个时候，书写现实，要么就超越了现实，要么就回避了现实，别无他途。

格拉斯的洋葱

许多年前，一个自恃颇有才华的青年，因为虚荣和稿费的诱惑，开始学写书评。没两天，就东打听西打听，记不清楚是从哪儿，找到了几个书评编辑的联系方式。仿照该报纸的书评风格，熬了一夜，攒了两千字，颇为自信地向一家报纸编辑投稿，编辑叫绿茶。和大部分青年人一样，他犯的第一个错误，就是高估了自己的才华。其次，就是迫不及待。

稿子一投出去，青年就急不可耐，开始不断登录邮箱，查看有无回音。一个小时过去了，没有回音。半天过去了，没有回音。一天都过去了，还是没回音。青年只好安慰自己，编辑定是没看邮件，明天再说。好不容易到了第二天，依然没有回音，青年的心开始坠落，继续安慰自己，效果不佳。第三天再看邮箱，自然还是没有回音。青年的心就凉了，感觉才华开始溜走，连自我安慰都不想了。青年不死心，便发邮件催问，反复斟酌措辞，说我初学写书评，尚未入门，盼请多多指教，总之显出一副诚恳的样子。责编自然没有及时“指教”。

两个多月后的一天，青年收到了一封客气的邮件。绿茶回复说：“兄，很抱歉，因为度假，未能及时回复。来稿已读，写得很适合我们，只是这本书我们刊发过书评，故无法再发表。感谢关注，期望看到你的下一篇书评。”几乎偃旗息鼓的青年，顿时就活过来了，即刻再次回信请求，若有合适的书，需写书评，我可以再次试试。编辑大概见过许多这样的青年写作者，回复说，有一本《剥洋葱》，可有兴趣写，两千字以内，稿子要得急，可来得及？

就这样，友好的编辑给了这个青年一个机会。青年当即就去买书，他之前并不知道《剥洋葱》，也不太熟悉作者君特·格拉斯。在了解接近于零的状况下，给一本新书写书评，会写成什么样子？格拉斯说自己在剥洋葱，青年能闻到洋葱的味道吗？一层一层剥，洋葱有心吗？在可以说来不及的情况下，青年主动走进了这一行当。

一

如何开头？青年想破了头。当时的他并不知道，一篇文章的开头不仅仅是个开头，而是文章整体的一部分。在完全没有想好整体的情况下，他为了写出一个漂亮的开头反复琢磨。经过反复删改，青年写下了这样一个开头：

> 这是一个真实的故事，发生在二战结束前夕。一个不满二十岁的瘦弱小伙，哆哆嗦嗦地端着冲锋枪，心惊胆战地爬行在战火中，因为巨大的恐惧，他竟然一枪未发，在目睹战友一个接一个倒下后，自己也当了俘虏。当时德军全线溃败，柏林城遭苏军攻破，纳粹分子强行组编临时党卫军，做最后的垂死反抗。这支临时队伍中就有那个小伙子，他就是《剥洋葱》的作者——诺贝尔文学奖获得者，德国作家君特·格拉斯。没错，他曾是一个纳粹党卫军。

客观地讲，这个开头不算坏，试图写出一个少年纳粹的窘境，端着枪上战场，却一枪未发就被俘虏了，有点滑稽。但是，以一个场景式的故事开始，显然是一个陷阱。接下来的困难果然接踵而至。一个被俘虏的纳粹党卫军，一个一枪未发的军人，到底意味着什么？几十年后，面对这段党卫军经历，君特·格拉斯是继续沉默，还是说出来？老格拉斯决定敞开心扉，以《剥洋葱》一书回忆了那段党卫军前后的岁月。这真的算是一个难题吗？必须为此加上注解：那段格拉斯从来没有杀过人的纳粹岁月。如果杀过人，如果手沾鲜血呢？

紧接着，青年对《剥洋葱》一书进行了提炼中心思想般的描述：

> 《剥洋葱》写到了格拉斯从十二岁到三十二岁经历的生活，我们可以这样分解这二十年的格拉斯：从一个爱读书的孩子，变成一个表现糟糕的党卫军，继而恢复成一个狂热的艺术家，最后迸发出了如炬的写作才华。这一切就像一部纪录片，格拉斯自己就是解说员，他引领着我们走进了那一段近乎尘封的历史——时代和个人犬牙交错的历史画卷，那里有美好的读书往事，有略显荒诞的情感经历，有萌动难耐的欲望，也有炮火纷飞的战争，更有焦灼热切的艺术梦想。

遗憾的是，这段介绍老实又平庸，也缺少才华。撰写一本书的内容梗概，似乎是书评人难以回避的动作。即便如此，并不意味着将梗概概括为不见态度的内容，就值得原谅。青年人似乎没有找到他的态度，即对格拉斯剥洋葱这个比喻的认知和评述。唯一的好处就是，读者仿佛知道了一些格拉斯涅槃般的成长。很显然，君特·格拉斯让青年上了当。

《剥洋葱》由少年读书时光写起，这时格拉斯的笔触是那样轻快。他写自己怎样捡弹片去换人家读烂的书，如何收集文艺复兴时期的画片。当德国战败的阴云已慢慢布满柏林的天空，十七岁的格拉斯成了纳粹党卫军的一员，成为一个军人曾是他渴望的事情。然而，格拉斯错误估计了战争的残酷和非人道性。一旦看着战友一个个死去，他就感受到了巨大的恐惧。格拉斯记得的，唯有此时德国民众生活的凋敝，和纳粹人的歇斯底里。为此，格拉斯的笔触变得紧张而充满焦虑。先是看似美好的少年，随之而来的又是压抑。如此的叙事策略，轻巧地就将可能的责备，送给了纳粹时代，而不全是君特·格拉斯本人。

格拉斯曾被纳入一个体制，而这个体制策划、组织、实施了对千百万人的屠杀。即使能以没动手干坏事为自己辩白，但还是留下一点儿世人习惯称为“共同责任”的东西，在他有生之年肯定是难脱干系了。罪责感让格拉斯对同纳粹党卫军有关的经历保持沉默了六十余载。耄耋之年，他终于决定剥开人生记忆的洋葱，向世人袒露自己不为人知的“过去”。过于将注意力放在格拉斯作为军人的失败上，青年书评人正常地错过了一个点：君特·格拉斯曾经渴望成为一个军人。主动，没错，君特·格拉斯主动走入纳粹军队。就像格拉斯自己提到的，“甚至不能以‘是别人将我们引入歧途’为借口，为那男孩，也就是我开脱。不，是我们，是我自己甘愿走入歧途”。

稚嫩的青年书评人完全没有意识到自己走偏了，还不无得意地继续加重抒情的笔墨，将格拉斯成功地描述为一个身陷历史迷雾的天才受害者。事实上，他在原处打转，不得要领，这要归结于他根本没有想清楚，对格拉斯来说，作为隐喻对象的剥洋葱最终意味着什么。青年似乎没有剥过洋葱，也不曾想过剥洋葱的具体动作、过程和结果。一瓣一瓣剥，剥到最后，洋葱并不会如愿呈现出我们所习惯期望的核来。就剥洋葱而言，剥这个动作本身就是意义，如此而言，格拉斯的痛苦是什么呢？为了有对象，他沉醉于剥这个动作，为此他虚构了自己的罪和痛苦，也即虚构了那颗洋葱的辛辣程度。

尽管我们被告知，这是一部纪实性的回忆作品，是诺奖得主格拉斯的忏悔录。一枪没发的他，到底有什么可以忏悔的？格拉斯说自己主动走进恶的一边，搞得他好像做了多大恶似的。这多像一段自嘲的表演，格拉斯夸大自己的污点并进行击打，目的似乎只有一个，就是自证他的伟大，成长的环境有多么糟糕，他的天才差点毁于纳粹的罪恶，这与成功者回望自己不平凡的成功路一样让人倒胃口。自始至终，他一刻都没忘强调自己多么热爱文学艺术，纳粹和战乱根本没有毁掉他，不但没有毁掉他，甚至还成全了他。试想没有那个因纳粹和二战而迷乱的时代和恐惧，能有君特·格拉斯的《铁皮鼓》？格拉斯提供部分真实的同时，狠狠地虚构了他的痛苦和苦闷。如果他因此感谢那段岁月，向纳粹党卫军敬礼，才是惊世骇俗。总的来说，相对于他的失去，格拉斯最终是一个众所周知的获益者。如此聪明的老格拉斯，自然知道言说的分寸，他正确地说出了正确的话。所有写出作品的写作者，都应该感谢他所处的时代，即便多么糟糕，即便多么不讨人喜欢。

二

青年书评人写道：

> 战后，被俘释放的格拉斯义无反顾地重新投入艺术学习中，这是他新生命的开始，尽管此时饥饿折磨着他，青春情欲刺激着他，但对艺术的如饥似渴更让他无比焦躁、日思夜想，他把这种饥渴称为“第三种饥饿”。凭着热爱和坚持，格拉斯熬过了最困难的时期，他学有所成，也邂逅了自己深爱的姑娘——安娜。

一个时代有一个时代的悲剧，一代人也有一代人的隐痛。二战对任何一个民族来说都是一场浩劫，对德国民众也一样。《剥洋葱》始终弥漫着阴沉、冷郁的情绪：家园已满目疮痍，侮辱无处不在。如果说电影《辛德勒的名单》揭示的是纳粹的残暴和张狂，那这本书就着意于表现战败前后德国普通民众的极端惶恐和不安。格拉斯以平静的语言描述着他眼中的一切，这已不仅仅是反战那样简单，他企图寻找被纳粹、战争压抑甚至粉碎的人性，抚平心中的创伤。通过叙述一次次环境变迁下他个人角色的转换，格拉斯试图让人明白：个人的悲剧始于时代悲剧，也将终于个人努力。《剥洋葱》一书是他个人生活的小传，也是二战前后的德国历史画卷。时代在他身上打下了难以磨灭的烙印，有不光彩的影子，有堪称羞辱的片段，格拉斯都一一默认，因为他确实曾是一个纳粹党卫军。

青年紧紧抱住了格拉斯虚构出来的痛苦，以及他内心被描述为不灭的文学艺术梦想，开始发挥想象力，用看似饱满的情感推进文章。他像绝大多数读者一样，轻易地就被格拉斯迷住了，以为撞见了一个勇敢面对历史并进行控诉的良人。从这个意义上讲，青年就是一个善良的糊涂蛋，没有建立清晰的自我，主动地选择加入歌颂的队伍，他唯一焦虑的是找不出看似有深度的言说方式，而对所说的内容似乎并不关心。他根本就没有意识到这一点，于是显出无知的可爱来。他一直在重复演绎，操持着貌似丰沛激越的词语，原地转圈，这样裙边甩得更高更婀娜。和格拉斯一样，青年人也在乎自己的姿势，企图将浅薄和煽情遮掩起来。这能唬唬外行，内行一眼就可以看出其中的把戏。

还能怎么说这个青年呢？因为虚荣开始的写作，从一开始就处于下风。不曾经历过不写就活不下去的刺激和压抑，也没有更多的问题意识和写作意识，这篇书评就是最好的罪状，一篇命题作文。这样的罪证越来越多。对青年来说，高估了自己的才华固然要命，更要命的是没有冲动，心底没有想说的话，尤其是思索过后的理性存在。没有看法，不是不愿意表达看法，而是真的空空如也，无物，也无言。作为意义对应物的词语，当然不会单独存在。即便有言之无物的废话，那也是一种预设好的表演。

青年急于完成作业，本该有的警惕性消失得无影无踪，只求以安全的方式尽快滑向终点，以便按时交稿，以便获得编辑的认可。即便有能力保持一点警惕，避免恶意的推测由此泛起，依旧得承认，青年没有能力去识别格拉斯的困境有多大，即便青年意识到格拉斯参加党卫军有他主动的一面，然而，如何描述这一主动，对青年来说依旧困难重重。加上书评写作被拆解为作者简介加内容概要加图书基本特征，这可以视为具有广告效应的营销文，设想的对象是没有读过书的读者。有一种说法，好的书评就是读者看完后，当机立断下单去买书。青年对此显然保持认同，他写下的每段话，都隐隐约约有一种诱使读者去买书的居心。他不仅想讨编辑欢心，还想讨出版人的欢心，而读者是他哄的对象，并不是取悦的对象。

如果说布罗茨基为了取悦奥登而去写作，被他自述为取悦一个影子，那取悦过去的杰出作家，就是取悦许多影子，取悦那些影响过时代精神生活的逝去的伟大灵魂，而不是取悦同代人、出版商、编辑和评委们。甚至青年连取悦君特·格拉斯的念头都没有，更别说其他的人和作品。

三

青年书评人用一段看似温情的话作为结尾。

> 后来，格拉斯去了巴黎，在一座潮湿得渗水的地下室里，于痛苦和焦灼中，他找到了小说的第一句："我承认，我是一所疯人院的住客……"然后一章一章写出了日后为他赢得巨大声誉的长篇小说——《铁皮鼓》。

这是一段漂亮的话，也是一段空洞的话，一段匮乏的话。君特·格拉斯写出《铁皮鼓》第一句话，被这个青年描述为类似上帝的赏赐，是对他所经历痛苦和持续寻找的补偿。相比那些被历史和命运选中、满身才华依然兢兢业业勤苦任事的人，格拉斯需要被世人理解和宽恕的东西并不算多。他的处境并不复杂，并且他获得了他期望的，这才应该是他省察的。青年没有就《铁皮鼓》多说哪怕一句，给人的印象像是他没读过，问题是他真的读过，有如此相反的反应，这显然不仅仅是修辞出了问题，根本还是出发点出了偏差。

青年人缺乏什么？经验，积累，成熟（也可谓之狡猾），还有自知，尤其是对自我局限的自我感知和确认。经验可以在持续的实践中慢慢攒起来，积累可以通过岁月的流逝在阅读与学习中慢慢获得，这都是时间的故事，通过时间的历练，多少都有收获。狡猾是放弃自己的单纯，没有比这更容易的了。自知则需要人来协助点醒，这些人又能是谁呢？当然只能是良师益友们。放在一群青年人中，他的问题具有普遍性。这就是青年人的样子。等到拾遗补阙完成，也就告别了青年时期。这就是成长的代价。

如何理解君特·格拉斯呢？如果他需要理解的话。又如何理解格拉斯们呢？只有理解了他，才能对那些永远在装睡的沉默者予以警醒。正如如何理解海森堡、海德格尔等沾有黑色的灵魂。忏悔，应该向神父述说。内省，向自己交代。两者之间的“认罪”，说给了读者听，君特·格拉斯就是被剥下来的洋葱皮。正如德国文学理论家瓦尔特·严斯所说——这只是一位八十岁的老人想把桌子清理干净。与其说他是在忏悔，不如说他是在展示那些洋葱皮。格拉斯除了是文学家，还是画家和雕塑家，最让他焦灼的是受阻的艺术热情和表达欲望。

编辑绿茶收到这篇“及时”的文章后，许是对这位青年的热情和奋力留下了一些印象，也“及时”地发表了，然而青年书评人并没有“及时”地感受到他的善意，还以为自己真的完成了一篇及格的作业。直到他慢慢阅读，慢慢成长，慢慢意识到自己的局限，才渐渐意识到了这些被忽略的善意，便写下了这篇迟到的文章。对当初的青年来说，这份善意的被感知确实是晚了点，作为回报，他唯一能做的就是传递给其他更年轻的朋友。

波德莱尔的身份

要不是读了法国作家帕斯卡尔·皮亚的《波德莱尔》一书，我未曾想这位诗人是一个如此有趣的人。与厚比砖头的传记相比，评传要亲切得多。它轻松俏皮，读来流畅，像一个美艳而热情的姑娘，丝毫没有拒人千里的意思。就算不懂《恶之花》，也不妨碍你读这本可爱的书，并通过它去了解波德莱尔这个“五毒俱全”的极品男人。

一　作为生活家的波德莱尔

波德莱尔是一个敏感的天才。这点毋庸置疑，作为诗人，波德莱尔的地位无须多言。但除却诗才，他的敏感和热切也是出了名的。这个经历六岁丧父、母亲改嫁的诗人，天生敏感，心带忧伤，忧郁成疾，内心深处滋养着绝望，一副骨灰级文艺青年的模样。对母亲的轻易改嫁，波德莱尔耿耿于怀，认为母亲忽略了他，分散了对他的爱，为此母子关系紧张了若干年。直到母亲再次成为寡妇后，二人关系才慢慢缓和。在波德莱尔写给母亲的信里，充满了灼热的词句，不乏“你对我来说则是唯一，你是我的偶像，也是我的同伴”这样深情的句子。

虽敏感内向，但波德莱尔可不是一个甘于寂寞的人。他对于名望有着强烈的渴求，并善于寻找机会制造话题。用今天的话说，波德莱尔算得上是一个善炒作之人。他曾公开宣称，艺术家的创作如果不能引起任何惊奇，就是一些毫无价值的东西。如此故作惊人语，自然是为了引起关注，他就为《恶之花》中带有神秘色彩的和具有轰动效应的标题而自鸣得意。因此当《恶之花》遭受非议时，波德莱尔情绪相当激动，申辩说人们这是否认我的一切，否认我的创造精神，甚至否认我对法语的把握，我嘲笑这些蠢货，并自信满满地说，这本书将与雨果甚至拜伦的最好的诗篇并驾齐驱。很显然，波德莱尔都说对了，只是当时人们可不这么认为。事实上，波德莱尔的自信不是空穴来风，今日谈起文学上的现代性，波德莱尔绝对不可绕过。

一个不甘于寂寞的人，多半还是一个折腾者。波德莱尔不但诗才满腹，还是一个时尚达人和美食家。父亲过世后，留给波德莱尔十万法郎，在一九五二年就相当于两千万法郎。年纪轻轻就有这么一大笔钱，自然挥霍无度，自然引来众多注目，包括姑娘们火辣辣的目光。这让母亲非常担心，为此不断延迟交付监护账户的期限。含着金汤勺出生的波德莱尔，对生活有着极为奢侈的要求。衣服要按其要求定制，别人穿宽松的裤子，他偏要选择穿紧身裤。连他喜欢的书，他付钱请最好的装帧师用皮革进行重新包装。对于吃，更是极为讲究，食不厌精，脍不厌细，对食物、糕点和调味品都如数家珍，甚至连如何分辨淡啤酒和面包的好坏，都有一套成熟的经验，向朋友热情介绍时，文采斐然，夸夸其谈，活脱脱一个美食家，一个享乐主义者。

二　作为情种的波德莱尔

除了写诗和吃喝之外，找女人自然是必不可少的内容。公子本多情，这个多情的浪荡子自然也喜欢女人，也算是继承了法国文化传统，并发扬光大。波德莱尔自曝是一个早熟的浪荡子，对女人充满渴望，一个女人的声音足以使他着魔，一根女人的头发也足以使他沉醉。波德莱尔甚至认为，真正的艺术家就应该如此。

波德莱尔把大把时间花在美术馆、图书馆，以及艺术家朋友还有姑娘们身上。姑娘们自然愿意与这个有钱的年轻诗人进行交往，甚至轻易地就会留下来陪公子过夜。关于女人，波德莱尔偏于重口味，千金小姐、文艺女青年之类的，难入波德莱尔法眼，波德莱尔说："我只可能接受两种女人：妓女或者愚笨的女人，情人或者厨娘。"口味之重，简直令人目瞪口呆，喜欢妓女尚可以理解，喜欢厨娘就实在令人匪夷所思。你别以为这只是说说而已，波德莱尔的确喜欢过一个厨娘，并为此写下好几首诗。但是，这里的女人只与性有关，与爱情很远。波德莱尔要的只是性伴侣，而不是真正的生活伴侣。

关于爱情，波德莱尔说，爱情之所以令人厌烦，是因为这是一桩我们无法免去同谋角色的罪行。对波德莱尔说，信仰方面的欠缺使得波德莱尔将爱情与责任相互对立，无法摆脱原罪感，欲望和情感的疏远，感官和精神的冲突，徒增他的焦虑不安和辛酸。他把身体给了黑白混血女人让娜·迪瓦尔，把精神给了萨巴蒂耶夫人。如果把让娜启发他灵感而写下的那些诗比作激流的话，波德莱尔题献给萨巴蒂耶夫人的诗篇就宛如一股股泉水。

或许这就是天才，有着迥于凡人的爱好，要么不来，要来就来点特别的。总而言之，波德莱尔对于女人的这等爱好，让多少风流才子情何以堪！以至于在母亲和继父的眼里，他自由放荡的生活不合时宜，他们想方设法对他加以约束，这自然又增加了他同家庭间的冲突和矛盾，他在家里感到孤独，继而在学校里，在社会上，孤独缠上了他。

放纵自然需要付出代价，梅毒扑上了波德莱尔，一生如影随形。关于梅毒这事儿，据资料显示，简直就是西方文学艺术家们的宠物，除了波德莱尔，音乐家贝多芬、舒伯特，画家梵高，哲学家尼采，福楼拜、莫泊桑、王尔德、乔伊斯，以及林肯、希特勒等天才和狂人，都是梅毒患者。毫不夸张地说，梅毒深深地影响了这个世界，疾病激发了天才们的疯狂才思。难怪桑塔格要在《疾病的隐喻》一书中感叹，疾病在社会的演绎中一步步隐喻化，从“仅仅是身体的一种病”转换成了一种道德批判，并进而转换成一种政治压迫的过程。从诗的角度来说，梅毒在折磨波德莱尔的身体时，也激发了他许多的灵感。对此，阿城曾经说过一句话——结核病治好了，罗曼蒂克也烟消云散了。虽不免夸张，但疾病在折磨艺术家身体的同时，也会激发创作冲动和艺术灵感。

三　作为评论家的波德莱尔

还得再提下波德莱尔的另外一个身份：一个充满灵感的艺术评论家，准确地说，有时候他表现得像个酷评家，很有主张，对于同时代不合自己口味的作者作品，很不留情面。

比如他对雨果，有赞赏，但也厌恶。他将雨果损得一塌糊涂，贬之为匠人。对雨果的政治观点很不以为然，把雨果的民主主张视作无稽之谈，对他善于煽动群众情绪表示愤怒，并将《悲惨世界》斥为“卑劣愚蠢的书”。可问题在于，等他自己落了难，却还能厚着脸皮，请求雨果帮忙将他的作品推荐给出版商，真乃极品男人也。此等匪夷所思之事，显示我们的诗人已经控制不住他那乱窜的神经。不过，这却恰恰说明了波德莱尔作为评论家的独立，不因雨果名气之大就卑躬屈膝，有不同的意见就坦率说出来，不正是评论家所需要的素质。纵是对名望大如雨果者，也与无名小卒一视同仁，绝不区别对待。至于请雨果推荐出版商，不妨理解为一码归一码，对人不对事嘛！

尽管对雨果不屑一顾，但波德莱尔对夏多布里昂却充满崇敬，将他看作法国文学的大师之一，甚至是所有文学的大师之一，并把他看作“忧郁大流派”的缔造者，具有歌唱忧郁和烦恼的痛苦荣光。而对于巴尔扎克，波德莱尔的态度则要复杂得多，一方面强调了巴尔扎克的创造力和变形的天资，提升了平民文学的质量和受欢迎程度，但他也指出，巴尔扎克的观察力有些平庸。

然而，必须要说明的是，他的有些行为看似荒唐，甚至显得意气用事，但必须要承认，波德莱尔的评论才华，和他的诗歌才华一样，独一无二，是一个极有性格的天才评论家。波德莱尔的两本评论集——《给青年文人的忠告》和《对几位同代人的思考》就极为独特，思维敏锐，观点新颖有趣，才思如泉涌，行文相当洒脱，正如该书的译者何家炜所说，波德莱尔的文学与艺术评论和他的诗以及日记还有对爱伦·坡的翻译，可以说是奠定整个西方现代派的基石。

就是这么一本好玩的书，在赏鉴波德莱尔杰出诗歌艺术的同时，也将他的私生活翻了个底朝天。虽说有点扒人八卦之嫌，但实在太好看了，忍不住哈哈大笑起来。何家炜先生的译笔也是雅致有趣。千万别以为是作者捕风捉影，所有的说法都有据可查，不曾有半点杜撰。作者帕斯卡尔·皮亚，身兼学者、记者和作家三职，一个信仰虚无主义的法国人。在这本书里，皮亚在一点上做得极好——把波德莱尔当作一个人，一个有性格缺陷的真实男人，一个不掩饰自己七情六欲的性情中人，一个以孤单姿态行事充满原罪感的孤独者，他遭受了孤独，然后作为对抗，他又主动选择了孤独，这才是浪荡子，波德莱尔自己这么说。

他来自人间，名叫夏尔·皮埃尔·波德莱尔。

珀金斯的帽子

孤独。

这是一位孤独的形象。

他总是戴着帽子，一顶七号大的灰色浅顶软呢帽，哪怕在办公室一个人看稿时也戴着。因为听力不好，他常用帽檐压低耳朵，据说这样可以听得更加清楚。

他与作家经纪人谈判，常常先开出能给到的最好条件，然后默不作声，一边听着对方说，一边自顾自地画着速写，那是一幅拿破仑头像，他画过很多遍，熟练得很。速写画完，他就会起身说，按我的条件，签不签？这常令对方手足无措。

他对作家朋友有求必应，菲茨杰拉德一次次预支稿费，借钱维持奢侈生活，他二话没说总是照办。沃尔夫、海明威都在作品中题词献给他，视他为黑暗中的灯。沃尔夫和菲茨杰拉德更是把他看作精神上的父亲，他知道这一点。为了让他们写出杰作，他没有后退。

他总是准点登上火车回家，在火车上读稿子，以至于有乘客怀疑，是不是珀金斯先生不到，火车就不打算开了。为了弥补没能上战场的缺憾，他很想生养一个儿子，但他连续养了五个女儿。当然，这份缺憾丝毫没有影响他对女儿们的宠爱。

他有一个女性知己。初次见面，他承认她“亮明了女神的身份”。两人彼此通了很多年的信，珀金斯写的那些信深情款款、辞章斐然，极富文学才华和洞见。将与旁人难以言说的痛苦和忧伤，统统告诉了她。不过，他们难得见面，一生也没见过几次。爱慕她，却不存期待，不求回应，像极了传说中的保险朋友。

他的名字叫作麦克斯威尔·珀金斯，一位文学编辑，一生成就斐然，被誉为美国编辑中的元老，出没于《天才的编辑》一书，也出现于电影《天才捕手》中，科林·费尔斯饰演的珀金斯尤动人心。

二

在这些描述中，我没有提到珀金斯的编辑成就，比如他是怎么发现托马斯·沃尔夫的，如何与他彻夜鏖战改出好作品。也没有提到珀金斯如何想方设法让海明威删掉小说中的“操”“屎”等词，以及楚楚可怜的菲茨杰拉德，怎样不断向珀金斯边打包票边拖稿，然后让他继续预支稿费。与这些雅俗共赏的内容相比，工作之外的珀金斯，编辑之外的珀金斯，作为五个女儿父亲的珀金斯，孤独的珀金斯更让我着迷。

我是以读小说的心态，进入这本以珀金斯为原型的人物传记的。普利策奖得主、本书作者A. 司各特·伯格，用了很多注释和引文，以证明他所言不虚，言之有据。时过境迁之后，那又怎么样呢？虚构之神已潜伏于他的笔下，犹如当年太史公写《高祖本纪》，有一节写刘邦闯入吕公宴席，大声吹牛说随份子一万钱，成功引起注意，被吕公相为异人，把女儿嫁给了他，就是吕后。今日读高祖本纪，这些情节（细节）是实有其事还是捕风捉影，并不重要，重要的是今天读起来，它们是否依然足够有趣，换言之，细节是否依然足够具有文学性（想象的真实性）。

根据大量书信、采访和别人的回忆（同样是一种选择性的描述），伯格塑造了引人入胜的珀金斯，也即虚构了珀金斯，将此人置于历史时间中，一个以编辑为职业的确有其人的文学人物。这个编辑发现了很多作家，最有代表性的三人：菲茨杰拉德、沃尔夫和海明威。如果读者恰好不知道这三个名字，没有读过他们的作品，那将会是完美的虚构阅读旅程，是再理想不过的阅读体验，这本书就是一部小说。

珀金斯大概不会想到，会有人在他去世三十年后的一九七八年，给他写了一部厚厚的人物传记，由彭伦翻译的中文译本厚达五百七十八页，足足有四十五万七千字。要知道，珀金斯生前极力主张编辑应该无名，作者才是中心，为此连采访他都不太愿意接受。又过了三十八年，电影*Genius*，中文译作《天才捕手》，二〇一六年在英国首映了。二〇一七年三月，电影登陆中国银幕。珀金斯被虚构成了一个电影人物。何为虚构？虚构是赋予某种东西以形状。如果说最初的珀金斯是一个卓越的文学编辑，在经历人物特稿、文学传记和电影的虚构塑造之后，珀金斯成了文学伯乐的代名词，成了君子之交的理想符号，成了一种男性气质的代表，成了一种象征。从菲茨杰拉德的《人间天堂》出版的一九二〇年算起，到电影《天才捕手》上映，足足过去了九十六年。与其说这是历史人物的魅力，不如说人们在珀金斯身上发现了虚构的热点，关于写作、天才以及天才的被发现，关于友情和异性知己，甚至关于职业、名望和一个个大人物经受的穷途末路。

“编辑要力争当无名氏”，这是珀金斯拒绝被邀请谈论编辑心得的统一回复。对编辑麦克斯威尔·珀金斯来说，编辑就是站在作者背后的人。终其一生，珀金斯都避免站在聚光灯下，从不轻易地公开谈论发掘出托马斯·沃尔夫、海明威和菲茨杰拉德等名家的光辉过程。严于律己到苛刻的地步，他不扬扬自得，也不把功劳揽在自己身上，尽管他对自己能够发现这些文坛大人物，并编辑出版他们的书，打心眼里感到自豪。只不过这份自豪，独享比较合适，他并不愿意分享给公众。这不是说，编辑不重要，恰恰相反，珀金斯认为一个好编辑非常重要，但是重要归重要，只是应该寂寂无名。寂寂无名的重要人物，这一隐者身份，显然让珀金斯颇为自得。那些藏起来的厉害角色、看不见的操控者、幕后的人等等类似的角色，与珀金斯有着某种相近的气质。这自然是我的想象，但我以为珀金斯毕竟不是圣人。他完全知道自己很出色，要是没有他就肯定没有沃尔夫，就没有《天使望故乡》。他藏起来的原因，有一部分就是躲藏起来让他感觉更好。

与电影《天才捕手》不同，原著《天才的编辑》更为宏阔，像小说般富有戏剧性，像诗歌般讲究语言，又有人物传记的翔实。这是一部让人不忍释卷的富有虚构特色的非虚构作品。电影主要写了麦克斯威尔·珀金斯与托马斯·沃尔夫的交往，海明威和菲茨杰拉德是配角。在这本人物传记中，麦克斯威尔·珀金斯作为编辑的一生更为完整，性格也更为丰满，一个既出版了许多纯文学作品，也出版了大量畅销书的编辑。他不是迂腐的、为文学不管不顾的殉道者，他有做生意的天赋。即使是出版，即使事关文学，赔钱的买卖珀金斯也不干。在珀金斯看来，出版了十七本书但销售像淤泥一样的福克纳已经完了，但这并不影响他认为福克纳是天才。从出版社的角度，珀金斯更看重作者未来能写什么。既然没有在最恰当也最好的时间相遇，那就不要在不堪的时候再发生牵连。

生意是一方面，担心海明威吃醋是另一个原因。福克纳与海明威的恩怨，珀金斯相当清楚，二人决裂且彼此瞧不上。海明威说福克纳写是写得好，就是不知道如何结束一部小说，常常刹不住车。福克纳曾直言，海明威的无畏和男子汉气概是伪装的，事实根本不是那么回事。如果出版福克纳的作品，海明威会怎么想？肯定会不开心，甚至会惹恼了他，一赌气就会离开珀金斯。这个棘手的问题，被珀金斯以主动错过福克纳的方式解决了。后来的故事，我们都耳熟能详了。一九四九年福克纳击败了海明威，还有帕斯捷尔纳克和斯坦贝克，获得了诺贝尔文学奖。五年后的一九五四年，海明威也获得了诺奖，获奖作品是《老人与海》。珀金斯无缘担任该作品的编辑，他已经去世七年了。如果珀金斯还在世，他会开心成什么样，肯定又会多喝几杯。

二

珀金斯是古典编辑家的代表，严格地遵守编辑的职业道德和他个人对编辑职业的理解。珀金斯甚至重新定义了一个理想编辑应该是什么样。这样的古典编辑早已变得稀有和罕见。有人问珀金斯，你完全可以写得比很多作家更好，你为什么不写？珀金斯回答，因为我是一个编辑。这不是一句多么深刻的话，只是道出了编辑这一行当的初衷而已。编辑的使命之一，就是让作家变得更好，哪怕无偿地贡献个人的才智、见识和经验，无论它们多么珍贵，都是应当的。

如今是什么样子呢？很多编辑不甘寂寞，一边做编辑，一边当作家，写编合体，都不耽误，一方面发现别人，一方面等着被人发现。久而久之，发现和被发现就默契起来，互通有无，这在文学期刊可不少见。写得好不是好编辑的必备条件。编得好也不是好作家的保护伞。两者都干得好，就是天才。天才是有的，总有人认为自己就是。既当运动员，又当裁判，这个行业的未来令人担忧。珀金斯式的编辑正在消失。新的编辑也许正在产生，写编相合，雌雄同体，新物种总是会产生的。不过，珀金斯大概也懒得理会这些，向来不喜欢争辩和谈论主张的他，对于自己在编辑历史上的地位也并不在乎。

在写给知己莱蒙女士的信中，珀金斯直言不讳："我讨厌被人写……我渴望无名，我认为编辑应该是无名的，作者才是他生命中的重要人物。"是的，这就是珀金斯对编辑的认识，最根本的是为了作者。全心全意为作者服务，是珀金斯一生的座右铭。尽管如此坚持不接受采访，但珀金斯还是破了例，接受了《纽约客》的邀请，由评论家马尔科姆·考利先生执笔采写。珀金斯接受采访的理由，不免天真，认为与其不断收到采访要求，不如就只接受一篇，如果某个杂志刊登了关于他的人物特写，其他杂志就不会再来麻烦他了吧！

匿名也是名，而不是真的无名，更不是无人在意，无人知晓，这是一种名利观。有名与无名的边界，取决于此人的人生成就，以及如何看待成就。没有成就，名根本无从谈起。在出版和写作者的圈子里，人们都知道珀金斯的卓越。公众视野里的名声不是珀金斯汲汲以求的，同行和作家的认可对珀金斯更有吸引力。考利是一位文坛要人，据说也是富有魅力的人，这大概也是珀金斯接受专访的部分原因。从珀金斯打交道的圈子来看，他对交往对象的要求可不低。在考利看来，在美国当代文学领域，珀金斯就像一个伟人，身边充满了传奇故事。在与珀金斯正式接触前，考利做了足够的功课，花了几个月进行调查，多方收集资料，与珀金斯的朋友、作者和同事通信，挖出了大量的细节，那些富有传奇色彩和神秘气息的细节。一个富有洞察力的评论家，以人物特稿的方式，写一个同样富有洞察力的编辑家，这是再完美不过的合作。

这篇文章注定了会抵达预想的深度，这一点都不让人意外，因为相互能够理解，而不是简单的一问一答，更不是仰望式的听训。访谈，有访有谈才是访谈。采访起来容易，可以多准备问题，即便被几个字的回答噎个半死也没关系，大不了接着问别的。谈得起来更考验人，与知识、见识和阅历甚至性格都有关。好的人物访谈可遇不可求，新闻水准的采访倒不少见。在我的阅读视野里，《巴黎评论》的访谈，算是优秀的了，但那也只是访谈对象的单口相声。福克纳在访谈中，巧舌如簧，张口就是金句。记者问他，一个作家最好的环境是什么？福克纳先是义正词严，说艺术与环境无关，艺术并不在乎自己置身何处。这样的回答简直是满分。福克纳顺嘴又补充道，如果你要问我，那么最好的工作安排就是请我当一家妓院的老板。这是艺术家进行工作的最完美无缺的环境。它给他完全的经济自由，他没有恐惧和饥饿，他有房屋御寒，除了简单记记账，每月到当地警察局交一次款，什么事情也没有。福克纳的说法狡猾又聪慧。事后你所能想起的都是福克纳的俏皮话和完全正确的废话，以及废话里面卓尔不群的见识。那个和他交谈的人，只是根据采访提纲，适时地抛出了问题，然后仰慕地听着福克纳随心所欲地胡扯，还讲了一个漫长的黑色故事。

一九四四年四月，《纽约客》刊登了这篇特稿文章，而且是以罕见的连载方式，分两期发表了这篇标题为《矢志不渝的朋友》的人物特写。标题来自托马斯·沃尔夫的献词。不出考利所料，文章一发布，就如愿地火了，赞誉随之而来。珀金斯有点傻眼，事与愿违，他本以为这次专访只不过做个了结，不会掀起多大风浪，但他自己低估了作家以及许多准备成为作家的青年人的热情。意外地暴得大名，在珀金斯看来是“臭名远扬”。在这篇文章中，珀金斯被塑造成了一个独具慧眼的出版人，具有火眼金睛一般的眼力和洞察力，并且极其具有预判力，能轻易决定一个写作者的命运。准确地说，应该是改变一个作家的命运。

麻烦随之而来，似乎美国“每一个”想当作家的青年人，都知道了珀金斯对作者忠诚、无比投入、善于发现怀才不遇的天才，于是潮水般的书稿涌到了出版社。很显然，这里的“每一个”就是一个言过其实的充满虚构寓意的修饰词，没有一篇文章可以达到这样的效果，但为了夸大考利文章的效果，为了印证珀金斯的确有其事，必须是“每一个”，这是非虚构的虚构性所在。充满梦想的陌生人的来电络绎不绝，许多写作者更是登门拜访，苦求一见。

据说有个年轻人，来到了珀金斯的办公室门前，不敢进门，拿把椅子站高往里偷看。我相信这大概是真的，估计的确有人这么干过。同样，我还是想说，这是非虚构的虚构性所在，“必须”有人这么干，即便子虚乌有，也必须有那么一个年轻人“程门立雪”。美国出版界的一个神话就开始了。人们普遍的心态就是渴望遇见伯乐，怀才不遇是百分之八十写作者的心理认识。这一刻，珀金斯就是天使，如此仁慈，还不收门票，甚至倒贴。这样的编辑，谁不渴望来一打？没错，人们都愿意这样想。

三

珀金斯还是“意外”地出名了，以不符合他想象的方式和速度。这不是他渴望的名望，也不是他索求的名誉。在出版生涯末期，被出名，为大众知晓，对珀金斯形成了困扰，严重打扰了他的生活。有一个充满抱负的女作者，持续不断地给珀金斯写信，并不断地寄来作品，被退稿后大发雷霆，怒斥珀金斯徒有虚名，根本不识货，狂热地咒骂珀金斯不出版她的作品就是剥夺了她表达自己观念的机会。珀金斯依旧礼貌地给她回信，但毫无用处，这个女人根本听不进去，一直以貌似正义的方式“指责”着珀金斯。

那是一个出版的美好时代，写作者对出版有渴望，充满梦想的写作者有很多。珀金斯给了许多默默无名的写作新人信心，以为只要找到珀金斯，他们的才华就会被看见，作品就会被出版，珀金斯一度被当作怀才不遇的写作者的救世主。从写作者的角度来说，那是需要权威判断的时代。许多的写作者根本没有空间去表现自己。如果没有被编辑看中，即使他有才华也会被埋没。自信是天才，只是缺少机会，这是大多数作家的通识。显然，这害了不少人，至今如此。

珀金斯寻找的不只是那些“保险”的作家——风格中规中矩，内容波澜不惊，而是能用全新的语言道出战后世界新价值观的人。不断发现新作者，培养激发他们的才华，出版他们的作品，既赢得口碑又畅销，是珀金斯一生矢志不渝的工作。卖得出去，还有高赞，是珀金斯的标准。关于卖，自然是商品属性，也有好书卖不太出去的，比如福克纳的小说，版税远不如他在好莱坞写剧本赚得多。一九三八年，他买下了一座三百二十亩的“绿野农场”，钱就来自写剧本所获。可见，写剧本比写小说赚得多不是现在才有的事情。谢天谢地，幸亏福克纳对写脚本不算太胜任，写电影脚本没有毁掉福克纳，也许只是因为他是天才，像福克纳自己接受《巴黎评论》访谈时说的，“如果一个人是位一流作家，那就什么也不能伤害他的写作”。并非所有的作家都像福克纳这么幸运，写了多部卖不太动的纯粹的杰作，却靠电影脚本挣了不少钱，只不过这些钱福克纳是不会贴给出版社弥补损失的。卖（sell）作品对西方作家是一个再正常不过的词汇，把作品卖给了杂志社、报纸和出版社，获得稿费和版税。在我们这儿，卖字换成了另一个词语——发表。这是一个神奇的词汇，具有改头换面的功能，轻易地将作品的商品属性遮蔽了起来，凸显的是难以货币化的精神价值。现在尤其如此，众多被抚养起来的逃离市场检验的文学刊物，以发表粉饰了市场交易属性。作家也只是说发表了作品，卖掉了影视版权，言下之意发表所得的钱不值一提。珀金斯可不这么看，能不能卖掉，他可不会忽略不计。就算论销量，珀金斯负责编辑的小说，有不少达到上百万册，海明威的《丧钟为谁而鸣》出版一年就卖出超过五十万册。

当托马斯·沃尔夫近千页的字迹潦草的书稿，几经转折送到珀金斯的书桌上，珀金斯拿起几页，立刻就被开篇吸引住了。读完一部分稿子后，他判定遇见了一个天才（这样的天才，珀金斯认为一生当中遇见不会超过五个），遇见了一部充满才华的作品，尽管结构凌乱，但他还是被打动了，下定决心无论付出多大的努力也要出版这部作品。可惜我没能在传记中找到珀金斯最初的感受，只能猜想是什么东西让珀金斯如此迅速就做出了准确的判断，并成功地挖掘出了一位天才作家。别无其他，源于他作为职业编辑的与众不同的两种品质：能透过一部书的缺点，看到它的不凡之处，哪怕缺点多么令人失望；任凭遇到多少挫折，也会不屈不挠地坚持工作，挖掘这本书和这个作家的潜力。

《天才的编辑》这本书，最让我动心的，是关于珀金斯内心的刻画和想象。他发掘天才的事迹我知道，但是珀金斯的内心世界，我不知道，才充满好奇。作为一部人物传记，作者在各种信件的文字背后，想象书写着珀金斯的性格。随着不少好朋友的去世，珀金斯更孤僻了，退居自己的天地成了他的爱好。或者说，这根本就是他的原本性格。从一开始，珀金斯就不是个喜欢热闹的人，也不是一个外在热烈的人，即使与海明威一起出海钓鱼，钓起一只几百斤的大鱼，珀金斯依旧显得有些沉默。珀金斯的内心世界，肯定澎湃过，激动过，但他就像一个早慧的人，似乎很早就悟透了人世命运。编辑，默默无闻的工作，再适合不过他了。珀金斯完全可以沉浸在自己的世界里，做出判断，提出修改意见，甚至全身心投入作品修改中去，比如与托马斯·沃尔夫一起修改《时间与河流》。我以为这便是虚构的魅力，这是一个孤独的形象。我读到的就是，一个叫作珀金斯的人，他的工作是编辑，如此而已，而不是反过来。唯有如此，才能领略到珀金斯最后的孤独。一个作家、一本书获得恒远的名声，可以不用给编辑记上一功，那是他的工作。

珀金斯已经是过去式了，他对写作者的意义，在于暗示伯乐始终存在。他是一个传奇，无法复制的传奇。他识别文学天才的眼光，唯一可能被我们总结和学习的，就在于天才作家总是完完全全地写出自己，写出独特的，唯一的，别人写不了的。个人经验的表达，在珀金斯那里就意味着文学天赋，沃尔夫如此，海明威同样如此，菲茨杰拉德也一样。编辑家的故事很好看，天才的被发现，天才作品的被推出，荣誉的到来，犹如捡到装备打怪升级的愉悦。编辑不要试图把编辑个人的观点强加于作者的书中，更不要把他的风格变得不像他自己。让作者变得更好，如果他写的内容有价值的话，而不是写编辑认为更好的。

四

珀金斯过去常说，他不在乎死。面对死亡的慢慢到来，珀金斯平静地接待了它，就像接待那些文学天才一样平静，因为他知道，死神出现了，得去接待它。珀金斯坦然接受死神敲门的情景让我下意识地想起一个人——斯通纳。从接受命运的差遣并兢兢业业于被差遣这一点来说，斯通纳和珀金斯是同一类人。区别在于，一个是真实的人，一个是小说人物。从后来被虚构和叙述的角度而言，他们有着惊人的相似。热爱命运，知道自己的局限，努力去生活和工作，并知道自己曾经是什么样的人。

斯通纳在退休晚宴上说了一番话："我已经在这个大学教了四十年书。我不知道，如果我不做老师还能干什么。如果我不教书，我也许——"他停顿了下，好像走神了，接着又决然地说："我要感谢你们所有的人，让我来教书。"[①]这时候的斯通纳已经身患癌症，但仍挣扎着去出席晚宴，并平静地说出了这番话。珀金斯去世之前，如有机会讲一番话，根据我们对他的了解，他也许会讲同样的内容：我不知道，不做编辑我还能干什么……我要感谢你们所有的人，让我来做编辑。

斯通纳感觉到了"一种柔软缠绕在他身上，一种倦怠感爬上他的四肢。一种他自己的身份感忽然猛然袭来，他感觉到了这个东西的力量。他就是他自己，他知道自己曾经是什么人"。[②]小说家约翰·威廉斯写出了斯通纳去世前的最后感受。在人物传记中，A. 司各特·伯格不被允许虚构珀金斯死前的切身感受。我愿意相信，那一刻珀金斯的感受，和斯通纳的一样。或者说，他们都知道，死神的来访，不是夺去，而是告别。

---

① ［美］约翰·威廉斯：《斯通纳》，杨向荣译，上海人民出版社2016年1月版，第322页。

② 同上，第335页。

欢乐的讣告

写作是一门手艺活，这话一点儿都没错。不过有人写了小说，有人专写发言稿，有人混了论坛发神帖，有人勤刷微博再留言，也有人爱上了写匿名信，连署名都可以不要。在分类繁多的写作中，有一类非常有趣，就是讣告写作。在西方，这是一个正经的职业。《先上讣告，后上天堂》就是一本关于讣告中的传统和文化的著作，作者玛里琳·约翰逊，也是一名讣告写作好手。

欧美大点的报纸，都有专门的讣闻版，不但有专职编辑，也有专职作者，后者还有全国性联谊会，每年都要召开讣告写作年会，彼此沟通信息，切磋技艺，共同预测下不远的将来哪些大人物要挂掉，这跟别的版面编辑盘点年度大事没什么两样。为了应对紧急情况，以防某个政治人物或者娱乐明星突然去世而措手不及，讣告编辑都会提前准备好许多公共人物的讣告，以备不时之需。一旦某人归西，随时就能拿出来，改改享年岁数，就用得上。据说，有些大人物并不介意这一点，还时不时打电话给编辑，建议补充某些细节。面对这种情况，调皮的编辑自有主张，听归听，改是未必会改的，等到讣告文登出来，施主他还看得到吗？

一　亲切而有趣的讣告

讣告与墓志铭不一样，后者属悼念性文体，记死者姓名、籍贯、功名等，并致以悼念、褒扬之情，这是要刻上墓碑、流传后世的，经典篇目有韩愈的《柳子厚墓志铭》，写得实在是好。不过现在刻上墓碑的，往往是一两句话。讣告则要简单一些，目的就是快速通告大众，某人过世了，他是什么样的人。同国内讣告枯燥的、为逝者讳的保守做法不同，西方媒体的讣告要豪放得多，也要生动有趣得多，他们更愿意向公众展现一个有生命特点的丧主，他活得很有个性，制造了不少传奇，绝不是泯然众人的主。

比如，书里就提到《每日电讯报》有这么一则讣告，丧主是个有异装癖的演艺人员，替希特勒打过仗，做过变性手术，后来在奥地利当了一名职业口哨艺人，谢天谢地，他总算找到了真正的人生归宿。讣告是这样写的：珍妮特·施密德日前在维也纳去世，终年八十岁。她是一位职业口哨演奏者，出生的时候，她是个男人，曾在希特勒的国防军中服役、参战，后来在开罗一家医院做了变性手术。再比如这一则：比利·卡特日前去世，终年五十一岁。这位身材矮胖的先生是卡特总统的兄弟，酗酒成性，喝醉之后便坐在盛产花生的佐治亚州普林斯自家廊下的椅子里大发议论，每每让白宫尴尬不已。

你不觉得这样子的讣告亲切而有趣吗！职业吹口哨者，还是在开罗做的变性手术，卡特总统酗酒成性的兄弟，这些梗很能引起读者的注意和好奇。这样的讣告可读性很强，简单几句，说出一个人一生的精彩，至少不会让读者一见便习惯性地躲避。

二　讣告就是文学创作

讣告写作绝不是小儿科，而是有着蘸满深情的特定格式：首先是简短经济的人物刻画，紧接着是死者生前和工作的小故事，最后是亲属名单。要求短小精悍，首尾呼应，文采斐然，深情有趣，蕴含着新闻行当里最富有创造性的文字。

文化不同，每个国家的讣告也不一样。美国的讣告是个混血儿，介于短篇小说和普通讣告之间，故事性比较好，可见人物小传。在英国，全国性大报每日都在激烈竞争，角逐鲜明生动、机灵劲儿最足、最八卦的讣告，对创意要求比较高。英国讣告绝不是平淡如水的个人简历，它是高浓度的传记，突出作者的观点，由各种死者历史材料组成，包括正面、负面材料，甚至八卦传闻，不仅犀利，还有戏剧冲突，不考虑照顾死者面子，反而会找找乐子。

讣告这个融合了文学、黑色幽默和痛苦的创作活动，其中最出色的完全称得上是一种文学体裁。和诗歌等样式一样，讣告也有繁荣期、萎靡期和现代重生。十九世纪是讣告盛世，以阴森冷峻的笔调描绘一幕幕死亡："短短一年时间，她先后成为新娘、备受宠爱的妻子和人生伴侣、母亲、尸体。"二十世纪是荒芜期，讣告一成不变，无非死者姓名、去世日期、生前职业等。目前我们国内的讣告基本停留在这个层面，最多再加一个官职，相比落后西方差不多一个世纪。当然了，也有人说我们国家以死为大，不兴开死人玩笑。

直到二十世纪八十年代以后，西方讣告写作才迎来重生，扩张，创新，娱乐，才华横溢的写作者层出不穷，一改讣告沉闷无趣的老旧套路，焕发出了可见的勃勃生机。不仅是写作方式，包括写作对象，都有更新和拓展。尤其值得一提的是，普通人进入讣告作者的视野。在这之前，主角都是大人物和明星。因为有了普通人，讣告呈现出了前所未有的活力、真实以及生动。甚至让人觉得，死亡并不是那么恐怖的事情，如果有个高手替你操刀讣告的话，或许会因此而流芳百世。《独立报》的前辈，九十五岁去世的豪斯顿·沃宁就曾为一万三千多个科罗拉多人写过讣告，绝大多数是普通人，这意味着豪斯顿老先生一生看见了一万多人走在了他前边，这堪称讣告史中的里程碑。

三　讣告作者乃隐形人

讣告写作者有许多绰号：死亡博士、死亡天使、死亡老太，唯独少有自己的名字，这些绰号只存在于文章下面的署名栏。如果报纸没有标明作者的习惯，那就连绰号也没有。和记者不一样，绝大多数讣告作者从来没有见过自己的写作对象，更别说当面采访。如果非要采访家属，打电话是谈论死亡更好的方式。这些极富创作力的案头作者，是报纸和刊物隐形得最彻底的供稿人。但就是有这么一批人热爱讣告创作，不计名利，充满激情，发挥巨大的创造力，毕生献给了这个行业。他们是这一行的英雄和传奇。每个行当都有这样一群人，哪怕再不起眼的行业，不是吗？

书里就写了这样一个讣告界的传奇人物——吉姆·尼克尔森，一干就是十九年，与别的讣告作者不同，他只给普通人写讣告，大人物之死与他没关系。他说他要发明一种为老百姓服务的讣闻版，它会迅速流传开来。吉姆先生做到了，凭借对人物性格和细节的准确把握，他写的一个普通管子工的讣告，能在大报上占据五十厘米的版面，之前那可是市议员和黑帮头子们的篇幅。吉姆说，对待讣告，作者万不能掉以轻心，不能粗枝大叶，不能躺在功劳簿上睡大觉，尤其不能懈怠。也许这是你写的第五千份讣告，但对死者而言，他只有这一份，唯一的一份。吉姆坚信一点：为死者家人写作，在报纸上为他们争取权益，为版面和尊严而战。吉姆甚至还认为，我们可以在讣告中寻找成功或幸福人生的秘密，这个人是怎么度过这七八十年的？

吉姆的经历让我更加坚信了一点，讣告写作同文学创作一样，需要创造力，需要职业态度，也需要热情，有许多天才出没于其中。可惜，国内报纸似乎并不乐意为普通人开设讣告版块，哪怕这里充满着商机。传统观念也对幽默风趣的讣告不大待见。但我以为，讣告写作会是一个很好的创意写作产业。如果可以，谁不想离开这个世界后，留下一份简练有趣的告别词呢！就算调侃一点的，也能给亲人留下一抹微笑，而不仅仅是刻板的悲痛。

为了将来的讣告生动一点，是该给生活来点史诗性了。另外值得一提的是，该书作者玛里琳·约翰逊本身就是讣告写作高手，据说很多读者以阅读她写的讣告为乐，并评价说："如果她可以给我写上一段讣告，我即便现在死了，似乎也值得了。" 甚至还打趣道："我一定不能让她比我先死，不然就找不到更适合的人给我写讣告了。" 好吧，听上去，这话似乎不太吉利，但她的确有几把刷子，要知道她为戴安娜王妃、伊丽莎白·泰勒、凯瑟琳·赫本和马龙·白兰度等著名人物撰写的讣告风靡一时。

我见犹怜

一

“不要，绝不要，永远不要打孩子的屁股，不管什么情况，都不要打，也不要找出任何借口来打。”法国似乎并不怎么知名的作家雅克·塞尔吉纳（Jacques Serguine）先生在《打屁股颂》一文中，对打孩子的屁股，持猛烈的反对态度。我实在很好奇，便去网上搜索了一下，发现还真有这样一本书，可以在网上预订，正常情况下，大约一个月后就能从美国的库房发到中国来。

在塞尔吉纳先生看来，为什么不能打孩子屁股呢？首先，是没有地方下手。“你们也知道，就算孩子长得很胖，其屁股也还是很小的，没地方下手。”其次，会把他们打痛。看出来了吧？此君思路清楚。打孩子的目的是教育，如果真教育孩子，前提是不能打痛，吓唬吓唬就行了。如果真把孩子打痛了，就失去了教育的初衷了。

孩子的屁股不能打，并不是说其他人的屁股都不能打，譬如孩子他妈的。这个塞尔吉纳先生看上去真是一个痴迷打屁股的人，专门琢磨出来一套精彩的打屁股理论，并勇敢在孩子他妈的身上实践。需要说明的是，他养成打老婆屁股的习惯，并不是为了惩罚她，或者凌辱她，完全不是出于这样低俗的目的。此君郑重强调，打屁股这事必须先征得妻子的同意，譬如说，亲爱的，我要开始打咯！要是老婆没愉快地答复来打吧，就不能贸然动手。为此他进一步做了学术般的论述——打屁股只是个爱情表示，是稍加用力的抚摸，是为了加深对她的爱情而使用的方法。听听，多么优美的说辞，多么具有人性光芒的话语。总之，打是亲，骂是爱，这个法国佬所秉持的原则，与我们这里打老婆的粗汉的想法，看上去没什么两样。然而，妙处在于，他把打老婆屁股这回事的理由，阐述得可谓堂皇而端正，借着爱情的缘由出手，并称之为稍加用力的抚摸，将打等同于抚摸，不得不佩服此君的头脑和文笔修辞。如此一本正经地扯淡，上升到了爱的高度，的确是法国人的做派，凌空蹈虚却又言之凿凿。

事情还没完。有了基本纲领，塞尔吉纳先生就如何打老婆屁股，设计了一整套极富有执行力的规矩。在他看来，打屁股这么重要的事情，可不能一时兴起、毫无准备、抡起巴掌就打的，那会丧失了打屁股的全部乐趣和仪式感，很不严谨，不合规矩。首先，要择一个良辰吉日，什么时间打屁股合适？得翻翻黄历。塞尔吉纳自己把时间定在每个星期五，他说星期五是个好日子。至于为什么星期五是个好日子，而不是星期四，塞尔吉纳先生没细说。难道是周末快到了，抑制不住的激动，需要用打老婆屁股来庆祝一下？实未可知。其次是用什么姿势打，是趴在丈夫膝盖上，还是像翻鸡蛋煎饼一样翻过来打，姿势丰富着呢，各有各的妙处。再次，必须用手打，要一直打到老婆哭起来才可住手。因为不管用不用力，刺不刺痛，持不持久，手打屁股给人的感觉都是像打又像摸。而把老婆打哭，也算是爱到极致了。

“手打”这个词几乎让人喷饭，鬼使神差让我想起了手打披萨面饼、手打面条、手打牛肉丸之类的食物。对披萨饼而言，据说手打的味道更好，有嚼劲。“手打+屁股”虽说是不符合原来意思的切割，但从词语的组合来说，显然有着一分神奇又别致的乐趣。很显然，塞尔吉纳的规矩还是很详尽的，大概对他本人很有效，至于是否值得推广，以及这些规矩是否真的不是臆想的还未曾实践的规划，实在难以确认，毕竟无法去找他的妻子进行核实，手打屁股这事她真的同意并且甘之如饴？我表示怀疑，毕竟要被打到哭起来，那肯定不是一般的疼。当然了，男权的思想总是无意识地抬头，某种程度上说，打屁股与性虐待如此之近，更别说“三天不打上房揭瓦”的所谓古典式的训导，据说法国也有关于打老婆的类似谚语。

二

上文引述的内容，并非是我的杜撰，而是来自一本名为《害羞的屁股——有关臀部的历史》的专著。该书辟有一节，专门讨论“打老婆屁股”这件“庄重”的事情，这是一本妙趣横生的非典型“学术著作”。作者是法国人让-吕克·亨尼希，关于他的资料，没有找到更多。作者牢牢盯住绘画、文学、电影、摄影、诗歌等不同艺术体裁中出现的屁股，深入探讨和梳理了有关臀部的文化历史，是一本文采飞扬又旁征博引的随笔佳作。至少我从这本书里，就了解和学习到了关于屁股很多风趣的也不怎么靠谱的内容，可以作为酒席间独一无二的谈资。从这本书来看，亨尼希可谓博学多才，引用案例也是信手拈来，能从绘画和文学作品中发掘出屁股的历史和不同时代对屁股的叙述，可谓手段高明，脑洞也清奇。

这本书有趣的地方，不仅在于分了三十三章，从“亲吻、小屁屁、沟缝、打屁股、理想的臀部、紧身内衣、偷窥……”等小主题进行论述，有根有据，轻松自如，还纵横捭阖，从各个角度入手，谈起了作家、画家、导演等艺术家们对屁股的迷恋。

譬如，此书祭出了大旗——意大利电影导演费里尼先生，说费里尼就很喜欢歌颂女性的臀部。他严肃地提出，女人的臀部是“女性的一首分子史诗，是被领进女性解剖机理之间的一出神圣喜剧”。他的电影里，就出现了各种各样的臀部。现代主义小说家詹姆斯·乔伊斯也不例外，在一九〇九年十二月八日写给爱人诺拉的信中，就对她的臀部给予发自内心的热烈赞扬，并大方地不加节制地使用了“大汗淋漓”和“肥硕”等修饰词，詹姆斯表示，如果可以，他自己愿意一直待在里面不出来。

对于卢梭来说，打屁股就能得到类似性的快乐体验。根据卢梭在《忏悔录》里的回忆和描述，一七二三年，那一年卢梭同学十一岁，正是情窦初开的年纪。卢梭当时在一个牧师家里寄读，有一天牧师的妹妹打了他的屁股。奇怪的是，这个惩罚歪打正着，使得我们的卢梭同学更加喜欢那位小姐了，因为他感到了快乐。卢梭同学这样忏悔：“我尝到了一丝有些淫荡的快意，因此不但不害怕，反而希望再被那只纤细的手打几次。”显然，卢梭同学有些性早熟，打屁股引发了他对性的想象，并从中感受到了快乐。卢梭是幸福的。

还有绘画史里的臀部，书里梳理了很多相关内容，比如达·芬奇在蒙娜丽莎的微笑里就隐藏了一个屁股，便笑嘻嘻地揣测，达·芬奇是同性恋或许真有其事。达·芬奇对男性的身体带着明显的偏好，尤其是这幅蒙娜丽莎，画于达·芬奇旅居佛罗伦萨时期，绘画时间长达四年。弗拉戈纳尔的所谓歌颂爱情的画作《荡秋千》，是一名银行家桑·朱理安向画家定制的，展现的是他和情妇的自画像。严格意义上来说，属于商业私人定制。客观地讲，画风比较低俗，符合当时法国贵族的审美。时间洗掉了这些过往的隐秘，留下的是名画。艺术家的创作初衷消失在历史的长河里，今天我们还会在意这些画是为什么或者为谁而画的吗?

三

法国人的写作，自然有其难以避免的地域性。引用的材料多在欧洲，至于东方或者中国，作者没有涉及。这样也好，作为东方的读者，纯粹看热闹，不必考虑到中国的情况，否则就更热闹了。屁股在中国，常常与政治有关，有惩罚的意思。打屁股，俗称挨板子，官方称笞刑，哗地一下，扒掉裤子，露出屁股，趴着，迎接雨点般的板子。屁股蛋子肉多的还好点，苦了那些瘦屁股，板子下去，直接就是骨头，真是骨肉相连。打得也有轻有重，轻的也要脱一层皮，重则皮开肉绽，伤筋动骨，全在执杖者的技术，还有他当日的心情。心情好点，下手轻点。要是碰巧怄了气，手一重就惨了。要说狠的，那就是廷杖。皇帝老子一言不合，挥手说打，不打个半死不算完。抬回去，坐不得，躺不得，只能趴着养伤，少则趴半年，多则趴一年。伤好之后，非残即瘸，想要恢复原样，难于上青天。

打板子，残酷，伴随着惨叫，和法国人说的“稍加用力的抚摸”的差别在于，一是力道，不是稍加用力，是狠狠地用力。二是不用手打，而是用板子，讲究的还要加点佐料，比如撒点盐。板子比手硬多了，加上阿基米德的杠杆原理，一板子挥下去，其滋味岂是手打能比的。中国人的屁股，除了挨板子之外，还有表示忠诚的作用。据说向皇上下跪磕头，屁股翘得越高，表示越忠诚。屁股下面是权力，皇帝坐江山，官员们坐堂，这一点全世界莫不如是，英文主席叫chairman，意为椅子上的人，意思差不多。屁股和权力联系起来，就失去了生动和令人亲近的活力。

要说刑罚，更狠的不是没有，比打板子狠的是锯臀。法国就有一种折磨屁股的酷刑，将人倒挂起来，分开两条腿，拿长锯从屁股处往下锯，像杀猪那样，能把人锯成两半。法国作家奥克塔夫·米尔博在《秘密花园》里，还描述了一种新奇的富有想象力的刑罚。用一个类似盆的大钵子，顶上有洞，扣在屁股上，放进去一只大老鼠，然后用烧红的铁棍去捅它。老鼠蹿起来，先是像抚摸一样，痒痒的。时间一长，老鼠就会抓破皮肉。再用铁棍捅，老鼠就会死命地往里钻，用利爪抓破肛门，足够置人于死地。在设计酷刑这方面，不论东方人还是西方人，都展现出了匪夷所思的想象力，狠劲十足。一旦变成置人于死地的酷刑，屁股就遭殃了。围观打屁股和围观杀头的群体心理肯定是不一样的，前者主要是欢乐，看当众杀人就是猎奇，会形成一种自然的压迫感。一般来说，看杀头能笑出来的毕竟是少数。

细论起来，中国的屁股文化堪称博大精深，群众参与度广，拿围观打屁股来说，就是一种欢乐的事件。打板子行刑，自然需要看客，以示惩戒效应。看客不管这些大义，看着人被打得惨叫，都哈哈大笑。听说有打屁股的，百姓就是端着饭碗，也要来看，吃着饭，看着别人的屁股打开花，鬼哭狼嚎，多开心。就像我小时候的经历，大人打孩子，用的是竹鞭，打的也是屁股。有人笑着去拉大人，嘴上说别打别打，并不用力拉，也有看热闹的意思。我们一帮熊孩子在一旁围观，都乐得不行，反正这一次不是打在我们屁股上，痛的又不是我们。当然了，下一次换我被打，同样有一群小崽子在旁边看热闹，热情洋溢，就差喊加油了。

四

也有不忍心瞧着屁股被打的，郑板桥先生就认为打屁股极为不妥。他充满感情地感叹："刑律中之笞臀，实属不通之极。人身上用刑之处亦多，何必定要打此处。设遇犯者美如子都，细肌丰肉，堆雪之臀，肥鹅之股，而以毛竹加诸其上，其何忍乎？岂非大煞风景乎？夫堆雪之臀，肥鹅之股，为全身最佳最美之处，我见犹怜，此心何忍！"

好一个我见犹怜。板桥先生的趣味，时过境迁之后，如今并不需要为此避讳。他与袁枚引为知己，与他们对屁股的共同"犹怜"相关。打住，再说下去，就是身体政治了。只说郑板桥先生的这段文字，倒是奇文，极有文学性，不仅文采斐然，更重要的是有情感。看看他的用词，雪臀，鹅股，犹怜，何忍！可谓字字珠玑，字字含情。不禁好奇，此等鹅股雪臀，大概是屁股中的极品，常人是难以见到的。如此独到的欣赏能力，倒也没有失传，就像这么些年过去了，提到梁家辉先生，还会说起他在电影《情人》中的屁股，曾被誉为东方的性感。

我猜想，亨尼希先生要是见到郑板桥这段文字，大概也会引为圣文，这实在要比他摘的让·热内的句子含蓄多了。让·热内是一个与偷窃如影随形的作家，也是个法国人，一个地地道道的小偷，一个杰出的文学家。为了纪念偷盗岁月，他还得意扬扬地写了一本书《小偷日记》，全方位展示他的偷盗生涯。热内就对情人的屁股情有独钟。他写道：靠着一个臀部，就像枕着一只白枕，好一阵没有动弹，我整个儿爬进去，想在阴影笼罩着的苔藓上睡着，想在那里死去。让·热内展现出了他的狂热、迷恋和富有激情。相比之下，郑板桥的赞叹就要克制和唯美得多。更大的区别在于，让·热内的文字有一种肆无忌惮的个人抒情，而郑板桥则以公共建议的方式呈现其个人的态度，虽有“我见犹怜”的体恤，到底还是以戏谑的方式展现出了部分的自我。文化不同，表达不一样。东方的含蓄和西方的热烈，都指向赞赏。

屁股，雅称臀部，它变得害羞起来，显然是文明的一种产物。

如果屁股只是两瓣肉，一定不会羞答答或遮遮盖盖或半隐半藏或欲露还羞地让人碰不得，这两瓣肉还藏着另一方“水土”和“文明”。据研究发现，纵观历代名画，终不能窥臀部之全貌，头发、床单、羽毛扇子、纤细的手，甚至斑驳的树叶的影，纷纷拿出遮挡的本事，乱你的眼。为什么？因为画家们觉得，屁股是害羞的，据说是文明的一种表现。

不过本书的作者也在认真地反思，之所以要为屁股遮羞，说到底还是文明得不够。文明到了极致，应该是当初上帝造人时的样子，人人都是赤裸的，却并不觉得害羞。关于屁股的害羞，不过说明了人类文明的循环，从自然到害羞，再到未来可能的不害羞。如此说来，回到上帝造人，人类的前途肯定是光明的，这倒是令人期待。不过，如果真的不害羞了，彼此熟视无睹了，那光明的屁股还有什么看头呢！

以赛亚·伯林的普通生活

人的一生，无论大名鼎鼎，抑或寂寂无名，就是一个名字的故事。有的名字，故事很长，长篇累牍，就是一部长篇。有的乏善可陈，两三句就可说完，可算是一个短篇。漫长的故事与短暂的故事，区别不在于篇幅，而在于一生变化中的饱满和复杂度。没有人的生活可以一字不差地被记录，可以不偏不倚地被阅读。没有完美的传记，只有合适的传记，而误读又不可避免地存在。我能想到的关于普通人最好的传记，是约翰·威廉斯的长篇小说《斯通纳》，也是穆旦的一句诗——我的全部努力，不过完成了普通生活。这种题材的错位征用，是对普通人和普通生活的最大想象。至于那些不普通的灵魂，与历史时间捆绑在一起的人物，从更长的时间河流去观看，同样可以被视为过着普通生活，比如以赛亚·伯林的一生。

一

从《俄国思想家》起，我喜欢了以赛亚·伯林很多年。关于他的故事，听来的、看来的累积了不少。读叶礼庭的《伯林传》，一路心驰神醉，读完时竟隐隐不舍，似有年少时读武侠小说时的快感。传记之力不在于陈列一个人的终身成就，而在照亮传主成为这个人的挣扎过程。迷人的正是这过程，一个灵魂陷入困境、跃出困厄、重新升腾的过程，也是发现自己、超越自己的过程。《伯林传》在这一点上，做出了清晰而又跃迁的榜样，直面一个流亡孩子以赛亚·伯林成为学者以赛亚·伯林的全部过程。质言之，这也是一个名字被时代、家人、朋友还有自己一起点亮的非凡故事。

“他是一个关注人的现实生活的实践哲学家。”这是《伯林传》对以赛亚·伯林的第一认知。中国读者喜欢以赛亚·伯林，因为他们关心现实生活，特别是对日常政治生活有着非比寻常的迷热。给他们话筒，每个人都可以振振有词，当然也有人会选择不抛头露面，蹲在暗处摇唇鼓舌，鼓动其他人。政治生活是现实的，而现实生活常是暂时的，统治和被统治就永远是此时此刻。正如作者叶礼庭说的，“人的存在是观念性的存在，人不可能压制所有的观念”。关于观念的思索、陈述和辩论，都指向现实生活和在生活的人，更是关于何谓良好生活的指认与想象。要完成这份工作，还包括对坏生活的辨认和遗弃。伯林所谈论的都有现实生活的对象，他有时会与人辨认，但更多的是对迷乱生活的发言。

以赛亚·伯林在伦敦的广受欢迎，他被想象为牛津知识分子的声音帮了大忙。“被英国前后两代广播收听者们认为是牛津知识分子的声音的，实际上却是一个里加犹太人对与他同时代的英国人的无意模仿。随着时间的流逝，他所模仿的这种声音逐渐变成了他自己的一部分。”声音的迷人之处在于腔调，有着神奇的塑造性，听众会自发地将他们听到的声音与发声者的身份联系起来。在伦敦，伯林是一个外来者，一个犹太人，一个流亡者，以及牛津教授，他学习和模仿的声音，是同时代的牛津英国人，这恰恰符合听众对牛津知识分子的想象。如果没有牛津大学知识分子的身份，伯林会被想象成一个怎样的人？一个人的声音起初与他本人是分离的，久而久之，在日复一日的言说中，时间弥合了这种分离。声音会内化为发声者的一部分。伯林爱说话，胜于热爱在纸上推演。热爱表达的伯林悄然改变了一种认识，即人们总觉得拙于言辞的知识分子可能更为深刻，更值得信任。风趣活跃的伯林不只深刻，还可抵达现实生活中的现实问题。这份方向感和实践性，可以被理解为指点迷津。“每当人们追问他的思想纲领时，伯林至多会说：‘在学术上，我就像是一辆出租车。人们打个手势，我就停；人们给我一个指定的目的地，我就走。’”这是伯林的可爱之处，也是解嘲之语。这话多妙，既放松，又骄傲。做思想的出租车，看似一句自嘲的玩笑话，仔细想来，有没有能力送人到任何人想去的地方，取决于他对思想地图的熟悉程度，以及他送人的念头。我们众人，别说没能力做出租车，连成为理想的乘客都未必做得到。

二

叶礼庭用了相当一部分篇幅，讲述伯林未被摧毁的少年生活，尤其是伯林的父亲，一个看似胆怯懦弱的木材生意人，他在伯林成长道路上扮演了关键角色。叶礼庭的深思熟虑，不仅体现在叙述策略上，还有对童年叙事所能抵达的效果充满确信。

始于给家人创造好生活的愿望，伯林父亲老以赛亚一直在想着逃离俄国。客观情况是，在当时经济困顿、缺吃少穿的俄国，伯林一家却从未被贫穷所困扰。这是伯林父亲给他创造的物质条件和生活基础。一个童年没有经受创伤的人，成年后多半不会对社交充满躲避乃至恐惧。这是一个悖论，穷出身的年轻人内心多少交杂着自负与自卑，出身良好的青年似乎更能平和地面对良好条件。当然，富人容易浪费条件，穷人常常没有条件。能够有效利用这条件的人，到底还是向上的人。要说伯林和这种人有什么区别的话，那就是：是他支配着他的父母，即伯林父母所做的事情大多数就是为了孩子。正如传记中说的，“我们也得承认，他确实做了一些事情；如果换作别的人，则很可能会白白浪费这些有利条件”。

温饱有保障的少年生活，并不意味着都是美好。伯林讲述了一件事，在二月革命的风潮中，一个效忠于旧制度的市政警察，被群众发现随即被拽到了街上，被人押走，等待他的名誉可想而知。“一个七岁孩子来得及看见的仅仅是一个脸色煞白、面容扭曲的人，在被抓走的时候挣扎着。以赛亚不知道这个人会被带到哪儿去，但即便如此，他也马上就明白了，这人是没法逃命的。虽然那一幕转瞬即逝，却给他留下了难以磨灭的印象。”在称赞作者高超叙述技巧的同时，我们会注意到，在一个孩子的心里，没有革命这两个字，新制度和旧制度与他们无关，他们记得的是糖果，就像伯林自己后来讲述的，有一种巧克力棒会牢牢抓住他的注意力，他从来没有忘记过这种形状像是一堆树枝的名叫“赫沃洛斯特”的巧克力。一个人从孩子面前被抓走，不管这个人是有罪还是无辜，作为孩子的伯林看到的就是一个面容扭曲的人被暴力带走，是一个人被一群人抓走，为什么被抓走，孩子理解不了。这个生活细节给伯林留下的影响是普遍而深远的，即暴力革命是对人不加分辨的摧毁。一颗思想种子就此种在了小伯林年幼的心中，日后发芽长成了大树。

关于犹太人的苦难，叶礼庭讲述了一段伯林儿时的宗教学习经历，一个老拉比教孩子们认希伯来字母表，曾经停下来对他们说："亲爱的孩子们，你们长大以后就会明白，这些字母中的每一个都浸透了犹太民族的血和泪。"这段话和这个场景在伯林心中埋藏了很多年，以至在八十年以后，年老的伯林依然能够准确地讲述这件事。叶礼庭在《伯林传》中以抒情的笔触写到了这个场景，"八十年后，伯林在牛津海丁顿家中的一楼客厅里给我讲了这个故事。有短短的一瞬间，他失去了一贯的镇静表情，目光穿过花园，望着远处。然后，他又收回视线，重新看着我，恢复了平静，说道：'那就是犹太人的历史。'"老拉比的讲述和伯林的重述，这两段表述同等迷人。叶礼庭展现出了高超的叙述技巧，将处于叙述中的历史时间，与八十年后的访问叙述直接相连，张力由此产生。对伯林陷入回忆刹那间的出神捕捉，尤为令人惊叹。我们可以相信，在那一刻，年老的以赛亚·伯林，肯定回到了儿时的那一刻，想起了老拉比的话，历史和现实生活都证明了这一点，伯林对此深信不疑。

当伯林父亲决定举家逃离彼得格勒时，具体去哪儿，他左思右想，久久举棋不定。伯林父亲想过去巴勒斯坦，但路途太远，犹太人太少，生活不便。想过去德国首都和法国巴黎，又害怕反犹情绪。经过一番权衡，决定逃向独立共和国拉脱维亚的首都里加。关于这趟旅行的叙述相当漂亮，有着虚构作品一样的举重若轻。一路上，伯林一家几次被官员刁难，父亲贿赂了他们，才得以脱身，抵达里加时钱包已经空空如也，一家人狼狈不堪，心情沮丧。读到这里时，我想起了《日瓦戈医生》中的逃离旅行，在火车上熬过漫长的时间，好不容易到了目的地，发现也不是藏身之所。没过多久，伯林父亲发觉里加不是久留之地，下定决心要去英国。在伯林父亲的心中，英国化就是文明的定义，是文明生活的所在地，在那里不仅可以继续木材生意，还可以给小伯林提供不列颠教育。伯林父亲的这次决定，在日后看来，无疑是改变他们一家未来生活的关键一步。历经周折，终于办好了去英国的证件，伯林一家人出发去了伦敦。在伦敦城南，伯林一家才算走出了阴霾。伯林还能清晰地记得，在伦敦吃的第一顿早餐，是一盘火腿加鸡蛋。我完全能够理解作者赋予伯林父亲的重要意义，这个木材生意人的心思、赚来的钱，以及他为全家生活的考虑，一定意义上成就了伯林无后顾之忧的未来生活。

伯林后来感慨说，“在这么多的恐怖当中，我居然如此平静而幸福地活过来了，这一点是最让我吃惊的”。回望伯林嘴里平静而幸福的一生，不能忽略他那富有生意头脑而又似乎怯懦的父亲，是他想方设法将一家人带到了伦敦，并把伯林送进了很好的学校，不必为生活忧虑，不必为职业而心生烦恼，想学什么就学什么。直到年纪稍长，伯林渐渐意识到了父亲的重要，忍不住为他感到难过，“他从来没有真正地生活过……”。很难说父亲逃离故国的选择是完全出于害怕，这也是为了他的孩子和家庭。在伯林父亲的心里，家庭生活（包括生意）比政治生活更为重要。这个父亲形象就像塞尚的父亲，当意识到儿子无心生意一心想画画时，做出了一个决定，成为小银行家，为孩子好好赚钱，让他未来不用被生存打败，不会落魄而死，事实上他做到了。伯林的父亲也做到了。作为父亲，他们都做出了一个父亲能做的，这便是好父亲。他们似乎从来没有想过，他们的孩子会如此伟大。叶礼庭对此心知肚明，才不吝笔墨写下了这些篇章。幸亏是门德尔缺少放手一搏的勇气，并对政治生活缺少抱负，对阅读精神生活提不起兴趣，不然他们一家人可能还在俄国艰难地维持生活，而不是背井离乡逃离到伦敦住上三层的房子。

还有伯林母亲的影响，这个时常与父亲意见不一致的女人，表达了对婚姻生活的厌恶。在伯林母亲看来，父亲呆板乏味，生活无趣，不爱阅读，不喜欢讨论，而伯林母亲更渴望智力上的刺激，阅读最新的小说，比如D.H.劳伦斯的作品，她想被爱，想要得到提升，可她自己觉得什么也没有得到。母亲要的是行动、兴趣、生命和活力，她身上充满着爱的力量、强烈的挫折感和完胜的生命力，这让伯林感到敬畏。母亲的影子在伯林身上有着更为明显的影响，尤其是智力和心灵方面的启示。伯林的母亲后来果然如愿，在一个犹太复国主义者协会里担任主席，占据了统治地位。叶礼庭对伯林的母亲，给予了同样的关注，叶礼庭克制着抒情的冲动，没有对此做出更多的评价，只是谨慎而客观地引用伯林的讲述。即便如此，我们隐然可以从中感受到母亲对伯林的影响。

一个温和的父亲，一位强势的母亲，两人婚姻关系的不和谐，日常生活的阴冷僵持，不可能不对敏感的柏林产生影响。缺乏安全感，与人保持一定的距离，不左不右的立场，在以后与女性相处的岁月中，伯林表现出来的犹豫、不自信，显然与此有着难以忽略的关系。难怪伯林会说："曾经梦想做一个凡尔纳小说中的科学家，通过舷窗观察海底世界。这是一个既无所不知又保持距离的幻想——探索着世界的深处，同时又远离危险、毫发无伤。"起到保护作用的舷窗，在伯林的学术生活、情感生活中都不同程度地存在。一旦危险来临，或者感觉到不安全，伯林便会退缩，这一点在与阿赫玛托娃的情感经历中表现得尤为突出。当伯林来到苏联，见到心中的偶像阿赫玛托娃时，面对她再明显不过的暗示，伯林没能向前一步，而是选择了退缩，近乎落荒而逃。多年后，两人伦敦再见时，伯林陪在她身边——“当她站在谢尔顿剧院里听别人用拉丁文向她喝彩，称她为‘过去的化身，安慰现在并给未来以希望’的时候，他就在她的身旁。后来，当她在伦道夫旅馆招待那些从世界各地赶来向她献殷勤的俄国客人们的时候，他也在场。当她朗读自己的诗歌，对着录音机吟咏那些深沉而响亮的节律时，他仍然在那儿。她离开了伦敦，经巴黎回俄国，以赛亚从此再也没有见过她。她第二年就去世了。”

三

“在以赛亚的一生中，流亡的痕迹虽然模糊，但还是可以看得出来。在抽象的层面上，这种痕迹表现为他对于归属的需要的尊重；在政治上表现为他的犹太复国主义；在道德上则表现为他对十九世纪历史上那些处于边缘、受人排斥，或是被激怒的人物形象的着迷；就个性而言，这种痕迹又表现为轻微的暴躁易怒，以及对于细枝末节、对于任何一种将他视为外人的姿态的过分敏感。”叶礼庭这样总结。只有同样深邃的心灵，才能更准确地感受另一颗卓越而幽深的灵魂。叶礼庭生于一九四七年，俄裔加拿大人，写《伯林传》时四十一岁，是国际公认的政治家、学者，与伯林不同的是，叶礼庭有过丰富的政治经验。

好的传记作家必须画出传主的精神地图，并找到地图渐渐形成的原因。伯林的犹太复国主义、身份归属的需求、对边缘人物的着迷、被视为外人的敏感，这些都可以从童年找到原因，幸亏没有经受多少贫乏穷困的生活，故而少有怨气。与帕斯捷尔纳克、肖斯塔科维奇和阿赫玛托娃的交往，便来自他对这些边缘人的着迷。与其说伯林着迷的是这些人物，不若说伯林真正迷恋的是十九世纪的文化遗产，而这些被边缘化的人物就是遗产。这种种精神地图的边缘，能最终合适地镶嵌在一起，与伯林值得赞叹的对身份的适应能力密不可分。身份危机在流亡者中普遍存在，就像帕斯捷尔纳克不渡过身份危机，他就无法写出《日瓦戈医生》。而适应环境，势必与放弃部分自我有关，取悦他人是一种最显眼同时也是最有效的方式，由此带来的自我厌倦也无法消除。这是伯林的矛盾之所在。当然，一方面可以说是伯林的适应能力，还有不能否认的是英国文化本身的容纳程度。

“对别人得体的尊重和对反对意见的容忍要优于骄傲

自得和民族使命感；自由与效率二者或许是不可调和的，而且前者优于后者；对那些重视自由的人而言，多元性和非整齐划一总是优于那些无所不包的系统用强硬的手腕迫使人们服从的做法（无论这样的系统是多么理性和无私），也优于多数人对那无告的少数的专政。”伯林认为，所有这些观念都带有“深厚而独特的英国特性”。必须说明的是，英国文化至今影响着许多人，对别人得体的尊重和对反对意见的容忍，是自由生活或曰良好生活的基本条件，倒不是说英国的体制完美无瑕，而是一种表达反对态度的结果，不会被清算和碾压。叶礼庭选择了一个词——体面——来塑造伯林。伯林想做个体面的人。何为体面呢？不仅仅是面料良好的西服，而是对人得体的尊重和对不同意见的容忍，否则何来体面？体面是一种政治风向，也是生活机制。

先把伯林引向哲学的是他年轻的朋友。这个人就是拉什米利耶维奇。如今我们不必追问他是如何引导伯林的，更可能是一种无意识。就像在我们的生活中，年轻时的朋友会影响你终生，他们的兴趣、热情，尤其是那些活蹦乱跳、求知欲强盛的灵魂，会引导你往哪儿去，如果他们热爱赌博和喝酒，那么你也很大可能会沾上这些活泼的习惯。在哪儿才能遇见更有活力的灵魂？在更好的学校，更好的社区里。传记作者保持了可观而必要的距离感，在提炼赞赏时给出独立的判断，这才是优质的传记，不是为了树立一个标杆，而是接近观察一颗灵魂，通过打量、观察和分析他的生活经历和思想路程，接近和感受灵魂之光泽。阅读传记为了什么，是要自我学习得以提高吗？回到最单纯的目的吧，看一个人的生活，无论他杰出非凡，抑或默默无闻，甚至粗鄙邋遢，都有乐趣。

一九三二年十一月四日，对伯林来说是个大日子。这天他在街上，他的朋友，上一年就当上了教授的葛伦威·里斯走到他面前，告诉以赛亚·伯林他已经被选中了，留在牛津大学当老师。这样的叙事很有趣，就像武侠小说一样，侠客的成长总有意外而又激动人心的收获，为什么会被选中？为何会留在牛津当教员，他才二十三岁，还是一个犹太人。

有意思的还有，伯林在牛津做了一场讲座，眼见着一个哲学大牛带着助手进来，坐下听他讲话，这个人就是维特根斯坦。讲座当中，维特根斯坦不同意伯林的观点，同他讨论了起来。面对这样一位哲学巨人，以赛亚尽可能巧妙地避而不答，那些助手们则洗耳恭听着每一个字，不敢插话。一个小时以后，维特根斯坦站了起来，他的助手们也跟着站起来，他隔着桌子伸过手来与以赛亚握了握，说："非常有意思的讨论。谢谢。"在叶礼庭的讲述下，这是高手之间的过招，就像我们读过的许多武侠小说一样，一个后起之秀和一位名满天下的高手在过招。多好的叙事场面和情节，维特根斯坦出场时的穿着，以及他离场的样子，他的助手留下的话就是体面的反馈。当然，伯林输了，这次输让他意识到了自己的缺失和弱项。输给维特根斯坦没什么丢脸的，何况维特根斯坦给了他体面的台阶，他带着助手来听就是一种礼遇。从此伯林放弃了分析哲学，转向观念史。

当伯林在BBC的讲座获得大名时，很多朋友祝贺他，纷纷发来贺信，有一句话堪称经典：讲台上的帕格尼尼。我瞬间记住了这句赞叹，语法结构的错落效果、语言的跨界征用绝妙至极，世人皆知帕格尼尼的炫技，挪用在讲台上竟如此贴合。以后评价一个人，这语法结构可资借鉴。诸如，评论家中的乔丹，准确又优雅；小说家中的赫本，比美女作家的说法高级许多；编辑部里的温格教练，慧眼识英雄……伯林迎来了他的盛名时期。

传记的开阔性正在于通过传主的交往网络，触及更为广泛的社会层面和时代氛围，伯林接触到的牛津大学全灵学院、二战氛围、丘吉尔、维特根斯坦、帕斯捷尔纳克和阿赫玛托娃等，都被牵连了进来，他开始看出纠缠在刚刚过去的那个时代所有幸存者身上的羞耻之情。第一次见帕斯捷尔纳克时，伯林就发现，他对西方的理想化实在让人觉得窘迫，他似乎相信，西方曾经有过俄罗斯人难以企及的“一次艺术和文学的惊人繁荣”，当然不是这么一回事。西方没有超越俄罗斯，也没有忘却他，还有阿赫玛托娃。理想化时刻出现，至今阴魂不散。只有像伯林、纳博科夫这样有流亡背景的人，对西方文化和自己的文化，有着较为理性的认识，而不是想象一种理想的状态。帕斯捷尔纳克尚且如此，国内的许多半吊子学者和写作者更是如此，总以为自己说出了人类的秘密，殊不知是鹦鹉学舌。

帕斯捷尔纳克将自己视为十九世纪俄罗斯传统最后一个真正的代言人。伯林则是来自那个失落了的欧洲世界的来访者中最为稀有的一个：一个以俄语为母语的人，他就像帕斯捷尔纳克自己一样，觉得十九世纪的文化是自己的精神家园。有精神家园的知识分子是幸福的，有寄托之地。帕斯捷尔纳克可以是名正言顺的代表，他的《日瓦戈医生》写的就是一点，一个身上流动着十九世纪血液但生活在二十世纪的医生所经受的生活。伯林呢？一个弃儿，一个逃离国家获得新生的俄国人。他们有多少共同的思想资源呢？有一点可以肯定，都是被伤害者。

帕斯捷尔纳克身上的身份危机比伯林更大。有一件事，曼德尔施塔姆被审时，斯大林直接打电话给他，问他的意见。帕斯捷尔纳克支支吾吾。这时斯大林打断他，说了一句有名的话：“如果我是曼德尔施塔姆的朋友，我会更清楚应当如何为他辩护”，然后便放下了话筒。如何解读这个事件，可以想象，如果帕斯捷尔纳克开口为曼德尔施塔姆辩护呢？作为朋友，作为同行，在斯大林还算尊重他意见的情况下，帕斯捷尔纳克没有开口，他在绕圈而不是直接说出诗人的优点，这在斯大林看来是软弱，是忽视了友谊。也许在帕斯捷尔纳克看来，谈论诗人必须讨论诗歌的质量，否则就不是真诚的，但斯大林不这么认为，于是悲剧就产生了。这是两种不同的思维方式，是朋友就得辩护和捍卫，否则就不是真正的朋友。

当帕斯捷尔纳克渡过身份危机之后，写出了《日瓦戈医生》，他请伯林带回了英国。一部杰作，一部震撼人心的文学作品，与伯林有关。日瓦戈医生不是寻常意义上的英雄，而是一个独立的思考者，思索战争，思索爱情，也思索对自由的渴望。

四

以赛亚·伯林不是完美无瑕的，叶礼庭直言不讳，“以赛亚并不是一个优秀的古典文学学生，因为古典文学家们需要的是整洁而有条理的头脑，而他这两者都不具备”。这算不算不礼貌？伯林对此会怎么想？这或许是客观的叙述，但我更认为是一种叙述策略，叶礼庭在暗示传主伯林对此的不介意和宽容。这种宽容符合伯林的性格。

好的传主不干预传记写作，不管他是假装大方还是真的无所谓写作者的评价。否则写作者会时刻揣测如此下笔是否会取悦传主或是惹他不高兴。当然这纪律对写作者也构成了同等的要求，甚至更加严苛，不能因为传主不发言就为所欲为，不能假公济私、发泄私怨，每一句话甚至每一个词都有来处，都有相应的严谨的材料予以支撑。不是所有的写作者都适合传记写作，既要心悦诚服地欣赏传主，又能保持客观公允的评价。

叶礼庭将伯林作为一个对话者进行塑造，相对于纯粹的写作者和学者，他更是一个谈话者，身上洋溢着苏格拉底、孔子的传统影子。叶礼庭同时也察觉到了伯林身上的品格——在他人身上发现自己缺少的东西，并以敏锐与自信的态度去追求它。这一点观察至关重要，可以解释伯林为何会有这么多的朋友，为何他会不断变得博杂而深邃。实际上这是两种能力的综合，一是发现别人的长处，并加以吸收，二是自省的能力，时刻审视自我的缺失。唯有这两者同时拥有，一点点精进才变得可能。一生都能保有自省，对任何一个人都不容易，况且还是伯林这样拥有千万拥趸的明星学者。现实生活中，善于发现他人身上优点的人，不管他人是来自上层，还是身边同事，会获得更多友好的反应。伯林一生的关键时刻，总会出现不少拉他一把的伯乐。这当然不是他的运气比别人更好，而是他的善意，不纠结于对方细枝末节观点的坦诚所获得的回报。任何一个出人头地的人，都需要遇到许多伯乐，这未必是社交的附丽，更可能是这些伸出援手的人，在一个年轻人身上闻到了熟悉的气味，乐观地说，是遇到了曾经的自己。叶礼庭对此心知肚明，给出了意味深长的解析：如果批评伯林太容易为上层社会所吸引、太过世俗化，就是忽略了他性格中的一个本质因素，亦即他喜欢世俗性，喜欢对权势世界的内部运转方式有某种把握，喜欢听闲话，喜欢试着去了解实际上是什么样的卑劣动机在让这个世界运转下去。“世俗性”在他的词典里几乎已经和所谓的“现实感”成了同义词，而这种现实感正是大多数知识分子和大学教授们明显缺乏的。

必须对伯林的世俗性加以甄别，不是寻常意义上的势利，不是对名利的苦心钻营，而是对现实权力生活如何开展的好奇，是他参与现实生活的直接方式。伯林不是书斋里的学者，他是在场者。从他为丘吉尔政府写国际政治分析报告这件事，就可以看出伯林不回避这一点，很多欧洲知识分子不愿为之。于伯林而言，参与现实的政治生活，既是保持思想活力的不二法门，更是发现思想本身的行为。上层社会能够接纳伯林，源于上层社会对犹太人智识的认可和尊重，而不仅仅是附庸风雅。金融财团罗斯柴尔德家族对伯林的关注，可以理解为犹太人巩固民族精英的圈子化，也可以理解他们对学者伯林的尊重。如果只为了面子，他们根本用不着派出私人飞机接送伯林。知识分子与社会政治的接触方式，伯林之路堪称经典。融入又保持独立，合作又秉持批判，工作之外又是朋友。因为世俗性，也因为不拒绝甚至享受来自人们的欢呼，伯林一直在变化，尤其是确定自身真正区别于他人的用武之地。三十岁不到的伯林写完《卡尔·马克思》后，就意识到了书斋里的学问不能满足自己。换一种稍显刻薄的说法，伯林清醒地看到了自己的局限，在书斋学问之路上难有大作为。

五

作为英国社会里的一名犹太人应当如何生活？

终其一生，伯林都是在想方设法解决这个问题，无论是学术生活，还是私人生活。犹太人这个身份属性，对伯林始终是个问题，他似乎没有像他的同胞帕斯捷尔纳克一样渡过身份危机，当然对伯林而言，说是身份危机有点夸大其词，但困惑伴随其一生。

"他慢慢看出，世上有人不断地否定人类有知道自身命运的权利，即使在他们走向毒气室的时候也一样。"这是后期伯林的伟大之处，他从此找到了自由及其背叛，一次又一次的确定和提升自我是伯林的生长之路，伯林一直在向上，在放弃中转向，在转向中确立自我，一生都在进步是不容易的，渡过多少险滩、走过多少弯路以后才有了坚定。伯林是一个需要对手的人，对话辩论使得他不断完善自己，就像本书中一直提到的，他善于发现别人身上他自身缺失的优点。伯林说，“一个自由的社会是一个好的社会，因为它接受人类利益之间存在的冲突，同时又通过各种民主机构保持着一个让这种冲突在其中可以得到和平处理的场所”。这会实现吗？也许已经实现了，会不会是一个好的社会，很难下定论。

伯林有他的情感底线，不推己及人，尤其在思想这一领域。不要因为自己悲观就认为世界上都是悲观没有希望。不要因为自己卑劣和卑躬屈膝，就认为整个生活像乌鸦一样黑。不因为自己不健全，便不承认世界上有任何纯洁无瑕的东西！他的中间路线从他的左派和右派朋友们那里招致的不快常常折磨着他。

一只渴望成为刺猬的狐狸，这就是伯林。

后　记

给小朋友告告读《柳林风声》，读到鼹鼠和水鼠哥儿俩，出门遭遇暴风雪，在冰天雪地里迷了路，眼前一片白茫茫，不知道该往何处去，顿时心生戚戚。那么小的家伙，一阵风就可以将他们吹走，陷在漫天风雪中进退不是。幸好，他们遇到了獾先生。正是这位獾先生，打开了门，给我看到了一处迷人的地方。

为了躲避风雪，鼹鼠和水鼠寻找藏身之地，意外来到了獾先生的家里，那是一个幽深安静的洞。进门后，獾先生举着灯，领着他们俩，不紧不慢地穿过又长又暗的走廊地道，推开一扇厚重舒适的橡木门，进了一间温暖如春的大厨房。宽大的壁炉烧得正旺，炉前放着两把高背椅，用来招待朋友的到来。红色地砖泛着年久的光泽。一张长条大餐桌摆在中间，桌旁摆着两条长凳。美味火腿、几捆干草、几网兜洋葱和几篮子鸡蛋，挂在厨房的上方。想想洞外风雪交加，路人饥寒交迫，而此时此刻，在獾先生的家里，热气腾腾，有炉火，有食物，还有远道而来的朋友。书中有一段话描述这间大厨房的景致和氛围——

> It seemed a place where heroes could fitly feast after victory, where weary harvesters could line up in scores along the table and keep their Harvest Home with mirth and song, or where two or three friends of simple tastes could sit about as they pleased and eat and smoke and talk in comfort and contentment.

这段话让我入迷。一间谈不上豪奢的大厨房，可供凯旋的英雄欢聚；可供辛劳的农夫围坐一桌，欢歌笑语，庆祝丰收；抑或两三个脾性相投的朋友，坐下来吃吃饭，抽抽烟，惬意自在地谈谈天。如此的氛围让人放松。英雄打仗的凛冽，农夫劳作的艰辛，朋友日常的烦心，在这厨房里、炉火旁和餐桌上可一一卸去。我似乎都想象得出，写作者描述这间大厨房时的神情。

就会生活而言，獾先生真是一个榜样，不仅找到了这么好的地方，还打理得如此舒适，粮食储备够了，炉火时刻不息，真适合闭起门来安心过冬。冬天里的动物们都昏昏欲睡，有的已经冬眠了。冬天里休息是约定俗成的规矩。似乎过去半年多的辛劳和积蓄，为的就是过好这一个冬天。大雪的天，烤着火炉，饿了就吃点火腿和洋葱，不必受冻，不至挨饿，而后浑然大睡，等待春天的到来，等待雪退冰融，等待水流再次潺潺。不用焦急，甚至连耐心都用不上，春天自然会像往年一样准时抵达。

我喜欢獾先生的厨房，以及厨房里的生活。据獾先生介绍，这间舒适的大厨房，以及家里其余的房间，并不是他亲手建造的，而是早先在此居住的人类建筑，他们在此生活，结交朋友，做生意，出门打仗。很多年以后人类迁走，用獾先生的话说，人类总是这样来来去去。风吹雨打，年久失修，这座城市一点点陷落，最终被泥沙覆盖，成了地下之城，动物们就搬了进来。需要房间，清理打扫一番就是现成的住所。把门一关，地下的世界让人安宁，用鼹鼠的话说，一进獾先生的家，回到地下，内心就踏实平静了，在这里用不着和任何人商议，时间和空间自己说了算，不会有什么事莫名其妙地来打扰你，也不会有什么人侵扰到你的生活，你完完全全成了自己的主人。

我喜欢大雪纷飞，听过雪落的簌簌声，推门见过大雪封门，也经受过下雪时的寒风呼啸，以及雪后的冰冻。年少时每逢落雪，一家人就围坐炭火，父亲有兴致就讲讲评书，因为出不去门，他打不了牌。母亲会撬开一个罐头，煮一锅热气腾腾的面条，感觉就像獾先生的家一样舒适安宁。第二天雪一停，大人们就会出门，就无暇顾及我们了。后来才知道，大雪的好全在将时间停在了那一天。动物会冬眠，人其实也差不多。在乡下，秋收之后，该忙的都忙好了，余下的就是过冬了。农闲的日子很长，大人们的生活就是烤火、串门、打牌、谈天说地，也有日子过得难的人家，多数是家里孩子多粮食不够吃，得去借粮，借一百斤，来年还一百二十斤。日子过得艰难，倒不见借粮的人有多悲切，照样是乐呵呵地来去。

农人们的生活很单调，只要不遇天灾，一年的收成也就够吃够穿，余不下多少钱。遇上天灾就难说了，干旱或者受涝，才是最大的折磨。至于生活，顺着时节而过，到了什么时候就做什么事情，多少年以来的自然秩序指挥着乡村生活。于我而言，故乡早就回不去了。那些看似美好的童年记忆，只是一种记忆，也许根本就是一种错觉——童年记忆特有的错觉。记忆之物早已荡然无存，现实生活正在迅速地覆盖从前。农忙不那么忙了，农闲也不那么闲了。春夏秋冬的自然秩序还在，但不再像以前那样有人会等着过冬。假如獾先生在，正巧大雪封门，他肯定依旧会在大厨房里烧起壁炉，储存好过冬的粮食，即便外头兵荒马乱，即便朋友遇上麻烦，也不会开门走进风雪。无论多大的事，冬眠过后再说。对他而言，好好过一个冬，就是头等大事。别以为獾先生冷酷无情，他相信很多事情都来得及，何况习惯冬眠的动物，在冬天出门就是强弩之末，以己之昏昏，焉能使人昭昭。

故事里就是这样，听到朋友可能会惹上麻烦，獾先生直言不讳，告诉鼹鼠他们，冬天里他什么也做不了，他得休息，也就是冬眠。忙活了半年，到了冬天动物们就会犯困，獾和别的动物没有区别，甚至他冬眠的时间更长。让獾先生放弃冬眠，强打精神，或者打着瞌睡，离开温暖的洞穴，是很危险的行为，他可能会冻死在冬天的路上。这是獾作为动物的弱点，换言之，就是他的有限性。獾很清楚这一点，做不到就是做不到，逞强没有意义，接受自己的局限并遵守它才是对自己负责。从十一月份进洞，到来年三月份冬眠结束，獾得沉睡五个多月。听上去是不是很漫长？的确如此，《柳林风声》美化了这个情境。我想说，和动物一样，人也有某些特殊的习性，有些习性就是弱点，同样可能致命。一个人能意识到自己的弱点，要是还能接纳它，不想着强行纠正这些弱点，就已经很让人钦佩。事实上，总有很多人不甘心，以为凭着毅力和决心可以击败乃至克服自己身上的有限性，故而勉强行事，结局的不顺遂也就再自然不过了。

我喜欢獾先生的“冷酷”，不冲动，不莽撞，不急不可耐，而是等着冬天过去。也许会错过帮助朋友的最佳时机，但只要生活还没有完全被摧毁，演出还没谢幕，就还来得及。事实上，生活也不可能被摧毁。何况，坏事还未发生，坏小子蛤蟆还没有锒铛入狱，为尚未发生的事情犯愁，不是獾先生的行事风格。几个月后，冬天过去了，冬眠结束，獾先生如约走出了洞穴，和一帮老友拯救了浮夸的蛤蟆老弟。冬天不出门，是獾先生的生存规律，也是一种生活哲学，像曾国藩的几句话——未来不迎，当时不杂——还没来的事情不必忧虑，专注当下更为重要。当你知道獾先生清理出这么一间温暖的大厨房时，就知道他的生活是怎样怡然自得，又顺守自然秩序。如果在厨房里补上几包腊肉、几条晒干的鱼、油浸的萝卜条和一些辣椒，就是我记忆里老家的伙食了。

我从乡下来到城市，有时感觉要迷了路，慌了神，硬着头皮往前走，幸有师长指路，走着走着，就走到了现在，回头看看走过的路，似乎又是对的。原来迷路也不容易，失掉生活方向的人才会迷路。莫泊桑在短篇小说《一生》中讲，“生活不可能像你想象的那么好，但也不会像你想象的那么糟。我觉得人的脆弱和坚强都超乎自己的想象。有时，我可能脆弱得一句话就泪流满面，有时，也发现自己咬着牙走了很长的路”。这种感觉常在心头泛起又沉下，似乎说中了一些什么，又近乎矫情得不值一提。

二〇二〇年一过，我已不惑。原以为过了不惑会懂得更多的道理，实际上相反，是懂得了很多的无能为力，有许多事是做不到的，一些念想也熄灭了。我的精神生活大概就是想明白了“无能为力”并接受这些的过程，接受自己不完美的习性，接受自身的力不足，接受自己的不乐意，都是属于我个人的写作意义。倘能引发别人一些微小的共鸣，就是可遇而不可求的喜悦。

《未被摧毁的生活》，这一书名，来自张新颖先生的一首诗《清单》，无比喜欢。我问，能否给我用作书名，他说，那你拿去吧。在这首诗里，他列出了喜欢的和不喜欢的事物，有这样几句——不喜欢的：文学评论、头头是道、故作低沉的声音/喜欢的：李宗盛、阅读、写作、一个人无所事事、喝茶、晒太阳……不喜欢的：风景这个词、窗子打不开的酒店房间/喜欢的：风、水、大海、北方、夜晚的雪、天空、早晨……还有一句——喜欢的：未被摧毁的生活。词语并列安放，竟能生成如此美妙的意境。除了书名，新颖老师还为这本书写了序，没有他的鼓励，我几乎没有勇气出这本书。谢谢责编魏玮，她的意见和耐心，让这本书的面目更为清晰。她嘱咐我写一篇后记，就我所理解的生活说说清楚，结果写成了这样，我自己也没想到。不可否认，我很想走进獾先生的大厨房，在壁炉旁烤火，看柴火烧得噼里啪啦，在餐桌上吃火腿，听鼹鼠说蛤蟆啼笑皆非的遭遇，听小刺猬讲下雪天被妈妈赶去上学结果迷路的故事，等温厚的獾先生睡醒，和他一道抽抽烟，喝喝茶，谈谈洞外的夜晚和纷飞的大雪。